Sigrid Tschöpe-Scheffler

Familie und Erziehung in der Sozialen Arbeit

WOCHEN SCHAU STUDIUM

Bibliografische Information der Deutschen Bibliothek

Die Deutsche Bibliothek verzeichnet diese Publikation in der Deutschen
Nationalbibliografie; detaillierte bibliografische Daten sind im Internet über
http://dnb.ddb.de abrufbar.

© by WOCHENSCHAU Verlag
Schwalbach/Ts. 2009

www.wochenschau-verlag.de

Titelgestaltung: Ohl Design
Gedruckt auf chlorfreiem Papier
Gesamtherstellung: Wochenschau Verlag
ISBN 978-3-89974318-0

INHALT

1. EINLEITUNG

Mit den komplexer gewordenen Anforderungen an Familien sind auch Erziehungsprozesse schwieriger geworden. Aufgrund fehlender normativer Richtlinien für Erziehungsziele und -inhalte sowie einer Relativierung tradierter Werte bei gleichzeitig erhöhten Anforderungen an die Erziehungsleistung fühlen sich Eltern quer durch alle sozialen Milieus zunehmend verunsichert. Erhöhte gesellschaftliche Anforderungen an Mobilität und Flexibilität sowie demographische Veränderungen führen darüber hinaus zur Auflösung verwandtschaftlicher und nachbarschaftlicher Unterstützungsnetzwerke mit der Folge, dass junge Eltern mit der Bewältigung ihrer wachsenden Alltagsanforderungen vermehrt auf sich selbst gestellt sind. Hinzu kommt, dass es heutigen Eltern vielfach an Vorbildern für eine gelingende Erziehungs- und Beziehungsgestaltung fehlt, und Kindern, insbesondere in den ersten Lebensjahren, häufig an Erfahrungsräumen mit anderen jüngeren, gleichaltrigen und älteren Kindern.

In der öffentlichen Diskussion wird von der „Krise der Familie" (Nave-Herz 2007), von ihrem „Bedeutungsverlust" und ihrem „Zerfall" gesprochen, und schon länger geht die Rede vom „Erziehungsnotstand" (Gerster/Nürnberger 2002) und der „Erziehungskatastrophe"

(Gaschke 2001). Wurde Familie mit dem Hinweis auf deren Privatsphäre lange Zeit eher vernachlässigt, so wird in Zeiten grundlegender gesellschaftlicher Veränderungen und vor dem Hintergrund der Diskussionen über die internationalen Schulleistungsuntersuchungen wie PISA, TIMMS und IGLU wieder verstärkt auf die Bedeutsamkeit der familiären Leistungen und Aufgaben für die Gesellschaft hingewiesen. Der Wissenschaftliche Beirat für Familienfragen beim Bundesministerium für Familie, Senioren, Frauen, und Jugend stellte 2002 die Frage nach der „bildungspolitischen Bedeutung der Familie als Folgerung aus der PISA Studie" zur Diskussion, und im Zwölften Kinder- und Jugendbericht der Bundesregierung wird darauf verwiesen, dass Bildung, Erziehung und Betreuung Aufgaben sowohl der Familie als auch von Kindertageseinrichtungen und Schulen sind.

Familie als Ort von Bindung und Autonomie, der Identitätsentwicklung, des Erlernens kultureller Standards und demnach auch als Ort der elementaren Bildung gerät zunehmend in das Zentrum aktueller Bildungsdiskurse (Schäfer 2003, Grossmann/Grossmann 2003). Gleichzeitig werden die neuen Bewältigungsanforderungen, Schwierigkeiten von Elternschaft und Erziehung und die möglichen Gefährdungen in der Familie, gerade auch vor dem Hintergrund der sich häufenden Fälle von Kindeswohlgefährdung, breit diskutiert.

Nicht erst seit jüngster Zeit gerät die Familienerziehung in ihren Ambivalenzen von Geborgenheit und Vernachlässigung, Schutz und Unterdrückung immer wieder in die Kritik: So verweist die Psychoanalyse seit Beginn des 20. Jahrhunderts auf den Zusammenhang früher Bindungs- und Erziehungserfahrungen in der Familie mit der sich entwickelnden Charakterstruktur der Erwachsenenpersönlichkeit. Das von Horkheimer, Fromm, Marcuse und anderen Sozialwissenschaftlern und Psychoanalytikern verfasste Sammelwerk über „Autorität und Familie" (Fromm et al. 1936) wurde in den 60er Jahren des 20. Jahrhunderts in Zusammenhang mit der Kritik an Staat und Gesellschaft begeistert aufgenommen. Es stand die Kritik an der in der Familie wirkenden Autorität (des Vaters und der familiären Strukturen) und die damit verbundene Abhängigkeit der Kinder und Frauen im Zentrum der Debatten. Studien zum „autoritären Charakter" stellten die Familienerziehung auch in ihrer Abhängigkeit von Staatsmacht und Politik kritisch dar (vgl. Horkheimer 1987, Adorno 1995) und verwiesen auf einen faschistischen Prototypen, der durch Befehl und Gehorsam, äußere Unterdrückung und innere Repression an der Entstehung des nationalsozialistischen Regimes beteiligt war. In Publikationen von Alice Miller (Miller 1980) oder Horst-Eberhard Richter (Richter 1963) wurde anhand ausgewählter Biografien ebenfalls auf die Gefahren von psychischer und physischer familiärer Gewalt für die Persönlichkeitsentwicklung hingewiesen. Lloyd de Mause (1994) ging sogar so weit, die Geschichte der Kindheit als eine Geschichte der Gewalt an Kindern (und Frauen) in der Familie zu beschreiben. Keine Lebensform ist mit mehr persönlichen Enttäuschungen und Krisen, aber auch Glückserfüllungserwartungen und Hoffnungen verbunden als die Familie. Trotz veränderter Familienstrukturen und Lebensformen und trotz neuer Bewältigungsanforderungen gilt die Familie nach wie vor als der wichtigste Ort der Persönlichkeitsentwicklung für Kinder.

Die Ergebnisse der Bindungsforschung (Bowlby 1980, Ainsworth 1985, Grossmann 2000, Grossmann/Grossmann 2003, 2005) und der Hirnforschung (Bauer 2006) bestätigen aufs Eindrücklichste, dass selbsttätige Bildungsprozesse mit der Geburt beginnen. Die Voraussetzungen dazu liegen in einer sicheren, kontinuierlichen, anregungsreichen, liebevollen Umgebung und Beziehungsgestaltung, wie sie durch entwicklungsfördernde Eltern gewährleistet werden, die eine Zustimmung zu ihrer Erziehungsautorität und ihrer Rollenübernahme als Vater oder Mutter finden können.

Die Frage, wie die Erziehungskompetenz der Eltern unterstützt werden kann, ist angesichts der großen Bedeutung der Familie für das Aufwachsen von Kindern eine wesentliche Aufgabe von Staat und Gesellschaft und damit auch von Sozialer Arbeit, der in diesem Lehrbuch nachgegangen werden soll.

Es gibt vielfältige Umschreibungen und Theoriekonzepte zur Bestimmung des Begriffs „Familie". Hier soll ein Familienbegriff zugrunde gelegt werden, der die Eltern-Kind-Interaktion fokussiert und sich auf alle Familienformen bezieht. Alleinerziehende, Patchworkfamilien, Pflege- und Adoptionsfamilien sind ebenso gemeint wie die traditionelle Zweielternfamilie mit gemeinsamen Kindern oder gleichgeschlechtliche Paare mit Kindern: „Im weitesten Sinne ist Familie eine nach

Geschlecht und Generationen differenzierte Kleingruppe mit einem spezifischen Kooperations- und wechselseitigen Solidaritätsverhältnis" (Nave-Herz 1989, S. 193). Unter dem ersten Gliederungspunkt „Familienleben heute" werden die gesellschaftlichen Veränderungen, deren Auswirkungen auf Familie und Elternschaft und die besonderen Bewältigungsaufgaben im Hinblick auf Erziehung dargestellt. Die Frage nach der anthropologischen Dimension von Erziehung und ihrem Zusammenhang mit dem alltäglichen Wissen und Handeln im Familienalltag wird im zweiten Kapitel genauer betrachtet. Das spezifische Kooperations- und Interaktionsverhältnis im Rahmen von Erziehung und die Frage nach der Unterstützung der elterlichen Erziehungskompetenz werden in Zusammenhang mit entwicklungsförderndem und entwicklungshemmendem Erziehungsverhalten im Mittelpunkt des Lehrbuchs stehen (siehe Kapitel drei bis fünf). Familienerziehung trägt neben ihren entwicklungsfördernden Aspekten von Schutz, Geborgenheit und Nähe auch die Gefahrenquellen von Missbrauch, Vernachlässigung und Misshandlung in sich. Im sechsten Kapitel werden Konzepte der Sozialen Arbeit beschrieben, die im Rahmen der Angebote zur „Hilfe zur Erziehung" nach § 27 des achten Sozialgesetzbuches (SGB VIII) diverse Unterstützungsmöglichkeiten für Eltern und Familien aufzeigen.

Nach jedem Kapitel finden sich in dem Lehrbuch Wiederholungs- und Übungsfragen, die Studierende in Lehr- und Lernwerkstattgruppen vertiefen und als eine Orientierung für Prüfungsvorbereitungen nutzen können.

Ich möchte Nina Petrow, Stefanie Vogt und Dr. Helmut Tschöpe für Korrektur- und Manuskriptarbeiten an dieser Stelle herzlich danken.

2. Familienleben heute

„Familien sehen sich mit Herausforderungen konfrontiert, die mit der zunehmenden Diversität und Komplexität gesamtgesellschaftlicher Rahmenbedingungen zusammenhängen, unter denen heute Familienleben organisiert und gelebt wird. Solche Herausforderungen resultieren gegenwärtig insbesondere aus dem Übergang zu einer Wissensgesellschaft, aus der (globalisierten) Ökonomie und der modernen Wirtschaft, aus der Arbeitswelt, aus einer zunehmend stärker werdenden Mobilität, aber auch aus Phänomen wie soziale Ausgrenzung und Armut" (Fthenakis 2003).

Mehr denn je müssen Familien heute ihre Biographie diskontinuierlich gestalten und haben somit Brüche und Übergänge zu bewältigen, wozu ihnen häufig Handlungskompetenzen fehlen. Im folgenden Kapitel sollen diese komplexen neuen Herausforderungen unter zwei Punkten diskutiert werden:

a) Welche gesellschaftlichen Rahmenbedingungen wirken auf das Familienleben und damit auf die Gestaltung der Eltern-Kind-Beziehung und die Erziehungshaltungen ein?

b) Welche neuen Herausforderungen ergeben sich durch Pluralisierung und Individualisierung der Lebensstile für die Alltagsgestaltung?

2.1 FAMILIE UND GESELLSCHAFTLICHE BEDINGUNGEN

Familien sind heute mit besonderen Herausforderungen konfrontiert, und Eltern stehen, anders als jede Generation vor ihnen, unter einem großen Erziehungsdruck. Gründe dafür sind sowohl im gesellschaftlichen Wandel und den durch diesen geänderten Familienformen und Lebensbedingungen zu suchen als auch im veränderten Familienalltag zwischen Erwerbstätigkeit, Kinderbetreuung und Familienorganisation sowie dem neuen Stellenwert von Erziehung. Die Veränderungen von Familienformen stehen in einem engen Zusammenhang mit drei Stichworten, die nicht nur den Wandel der Familie, sondern insgesamt den Wandel unserer modernen Gesellschaft kennzeichnen und demnach auch Auswirkungen auf Erziehungsprozesse und Familienbeziehungen haben (vgl. Beck 1986, Junge 2002):

• Individualisierung
• Pluralisierung
• Enttraditionalisierung

Mit dem Fortschreiten der Industrialisierung während des 19. Jahrhunderts begannen sich durch die Trennung von Arbeits- und Familienleben zunehmend traditionelle Bindungen aufzulösen. Hierdurch verlor vor allem die Familie mit ihren zentralen Fürsorgeaufgaben für Kranke, Alte, Kinder, Alleinstehende und Behinderte und ihrem Lebens- und Arbeitszentrum an Bedeutung. Mit der Einführung der Marktwirtschaft, die die Agrar- und Handwerksgesellschaft ablöste, und durch die Einführung eines Versicherungssystems waren Menschen immer weniger gezwungen, sich über die Zugehörigkeit zu ihrer Familie oder ihrer sozialen Klasse definieren zu müssen. Stattdessen sind in einer komplexer gewordenen Welt Eigenverantwortlichkeit und individuelle Initiative gefragt. Individualisierung bedeutet, seine Lebensentscheidungen nicht nur selbst treffen zu *können* (worin eine Chance gegenüber den festgelegten Vater-, Mutter-, Kind-Rollen der traditionellen Familien liegt), sondern auch treffen zu *müssen*. Die Folgen sind ein immer größer werdender Entscheidungszwang in fast allen Alltags- und Lebenssituationen und die Aufhebung traditioneller Vorgaben, vor allen Dingen in existentiellen Lebens- oder Erziehungsfragen. Vorbilder für eine „gelungene Lebensgestaltung" oder für Krisenbewältigungsstrategien waren in traditionellen Familien vornehmlich die älteren Familienangehörigen. Diese Vorbilder fehlen vielen Erwachsenen weitgehend, weil das Leben heute nicht nur andere Anforderungen an die Gestaltung mit sich bringt, sondern auch die älteren Familienmitglieder auf der Suche nach ihrer Lebensform sind. So wird die Lebensführung immer mehr zu einem „individualisierten Projekt", das oft als anstrengend, kompliziert und mühsam erfahren wird. Dies verstärkt nicht nur die Unsicherheit im eigenen Lebensvollzug, sondern auch in den Alltagsleistungen, zu denen Erziehung gehört. „Auf dem Hintergrund eines vergleichsweise hohen materiellen Lebensstandards und weit vorangetriebener sozialer Sicherheiten wurden die Menschen in einem historischen Kontinuitätsbruch aus traditionalen Klassenbindungen und Versorgungsbezügen der Familie herausgelöst und verstärkt auf sich selbst und ihr individuelles (Arbeitsmarkt-)Schicksal mit allen Risiken, Chancen und Widersprüchen verwiesen" (Beck 1994, 44).

Die Entscheidungsvielfalt bedeutet einerseits die Chance, sein eigenes Leben gestalten zu können, andererseits stehen viele Möglichkeiten zur Verfügung, die, wenn man sich richtig entscheiden will, umfangreicher Informationen bedürfen, die gegeneinander abgewogen und ausgewählt werden müssen und die im Zuge von Entscheidungszwängen auch zum Scheitern führen können (vgl. Beck-Gernsheim 2000, 19).

Besonders hart trifft das Menschen, die aufgrund ihrer finanziellen, gesundheitlichen oder bildungsbenachteiligten Situationen weniger Möglichkeiten für die individuelle Gestaltung ihres Lebens haben und die für ihr Scheitern selbst verantwortlich gemacht werden. Die Lebensführung ist zu einem individualisierten Projekt mit Risiken und neuen Chancen geworden.

Spätestens seit Ulrich Becks bekannter Publikation „Riskante Freiheiten" (vgl. Beck 1986, Beck/Beck-Gernsheim 1994) ist bekannt, dass die Vorgaben einer „Normalbiographie" oder einer „Normalfamilie" nicht länger als Bezugspunkte dienen können. Ohne Stütz- und Leitlinien, zu denen auch Wertorientierungen und normative Vorgaben gehören, entwickelt sich die Lebensführung immer mehr zu einem individualisierten Projekt, bei dem die Möglichkeiten des Scheiterns zunehmen. Durch die Herauslösung aus traditionellen Lebensformen, die sich u.a. durch patriarchalische Strukturen und Versorgungszusammenhänge ergeben, stellt sich ein Verlust von vorgegebenen Sicherheiten im Hinblick auf Handlungswissen, Glauben und leitende Normen dar, die einerseits zu Handlungsunsicherheiten führen, andererseits aber Chancen der individuellen Lebensgestaltung ermöglichen. Menschen sind in solch einer Phase darauf angewiesen, nach Formen von sozialer Einbindung zu suchen.

Mit der Individualisierung des Lebensweges und der Lebensformen wird die Identität zu einer Leistung, die der Einzelne im Austausch mit anderen je nach Situation aktiv herstellen muss. Der Sozialpsychologe Heiner Keupp legt dar, wie sich durch veränderte gesellschaftliche Bedingungen der moderne Mensch zunehmend als „Produzent individueller Lebenscollagen" versteht. Er muss sich in langwierigen Aushandelprozessen mit anderen aus den „vorhandenen Lebensstilen und Sinnelementen" seine eigene Biographie zusammensetzen. Keupp spricht in diesem Zusammenhang von einer „Patchwork-Identität" (Keupp 1997, 11).

Eine Vorhersehbarkeit und Planung, z.B. im Hinblick auf die Schullaufbahn und Berufskarriere eines Kindes, wird immer weniger möglich, da zum Zeitpunkt des Schuleintritts oder der Studienwahl nicht absehbar ist, ob z.B. genügend Arbeitsstellen in dem angestrebten Beruf bei Ausbildungsende zur Verfügung stehen werden oder es diesen Beruf überhaupt noch geben wird. Fähigkeiten, wie Flexibilität und Mobilität, der Aufbau von sozialen Beziehungen, Konfliktfähigkeit, Kreativität und Selbstorganisation sind in einem weitaus höherem Maße als bisher erforderlich, wenn es darum geht, seinen individuellen Lebensweg zu finden. Durch die rapide Weiterentwicklung von Wissenschaft und Technik, die lebenslanges (nicht nur berufliches) Lernen und Weiterbildung erfordert, durch Arbeitslosigkeit, durch Wohnortwechsel, Arbeitsplatzveränderungen, durch instabile Partnerbeziehungen oder Familienauflösungen können schnell unerwartet neue Lebenssituationen entstehen, denen sich Kinder und Erwachsene gleichermaßen zu stellen haben. Da das Leben immer weniger in vorgezeichneten

Bahnen verläuft, werden Menschen häufiger mit der Ambivalenz von Entscheidungszwang und Entscheidungsfreiheit umzugehen lernen müssen. Erhöhter Druck in der Berufswelt, Angst um den Arbeitsplatz und Unsicherheiten bezüglich der Lebensgrundlagen stellen zusätzliche Belastungen dar. Eine immer größer werdende Gruppe von Familien ist durch Armut bedroht, besonders trifft Armut Alleinerziehende und Familien mit mehreren Kindern.

Wenn gewohnte Lebensverhältnisse, z.B. bedingt durch Trennung, Scheidung, häufigen Umzug, verbunden mit Schul- und Freundeskreiswechsel, Arbeitslosigkeit etc. sich verändern müssen, können Belastungssituationen im Leben der Erwachsenen entstehen, die Auswirkungen auf die Beziehungsgestaltung und die Entwicklung von Kindern haben. Hier können zeitlich begrenzte Unterstützungsmaßnahmen in Form von Beratung, Krisenintervention, Gruppenarbeit mit Familien oder Netzwerke entlastend wirken. Die Herauslösung aus historisch vorgegebenen sozialen Bindungen, wie sie in der Großfamilie noch vorhanden waren, bringt eine weitgehende Isolierung der Kleinfamilie mit sich, in der es häufig an Unterstützungssystemen fehlt, die zur Entlastung und Stabilität beitragen. In einer Elternbefragung, die vom Staatsinstitut für Familienforschung an der Universität Bamberg erhoben wurde, geben 57 % der Interviewten an, dass sie mit dem Partner oder der Partnerin, 54 % mit Freunden und Bekannten und 50 % mit Verwandten über Erziehungsschwierigkeiten sprechen (Smolka 2002, 12).

In einer Stichprobenerhebung des Instituts für Kindheit, Jugend, Familie und Erwachsene an der Fachhochschule Köln gaben 10,3 % der Befragten an, spontan keine Person zu kennen, an die sie sich wenden könnten, falls sie mit ihren Kindern Probleme haben (Mörs-Hoffman 2005). Eine besondere Herausforderung für die Soziale Arbeit liegt darin, den Sozialraum für Erwachsene und Kinder und deren Zusammenleben mit ihnen gemeinsam lebensfreundlicher zu gestalten und Räume und Zeiten zur Verfügung zu stellen, um Familien beim Aufbau entlastender Netzwerke zu unterstützen.

Mit den eigenen Kindern in eine gute Beziehung zu treten und sie entwicklungsfördernd erziehen zu wollen, gleichzeitig aber selbst als Erwachsener im Zwang beruflicher, familiärer und persönlicher

Herausforderungen zu stehen, bedeutet für viele Eltern, einem hohen Druck ausgesetzt zu sein. Positiv und entwicklungsfördernd gesehen könnte dieser Druck die Suche nach Entlastungsmöglichkeiten und Orientierungen freisetzen und damit eine Suche nach eigenen Antworten auf den Umgang mit neuen Anforderungen sein. Nicht immer gelingt das – auch hier stehen Chance und Scheitern von Individualisierungs- und Pluralisierungsprozessen dicht nebeneinander. Gleichwohl gehört es zur wesentlichen erzieherischen Aufgabe der Familienerziehung, sichere Orte und Räume zu ermöglichen, in denen individuelle Geborgenheit und ein verlässliches Zuhause zu finden sind. Hiermit ist nicht in erster Linie nur die äußere Wohnqualität gemeint, sondern die von Menschen belebte und gestaltete Atmosphäre, die über die architektonische Form eines Raumes noch hinausgeht und in der Bindungserfahrungen und Vertrautheit möglich werden können. Orte, die von Kindern in Besitz genommen, eingerichtet und mit gestaltet werden können, bieten Identifizierung und werden als Räume der Zugehörigkeit und Geborgenheit erlebt.

Deutschland weist, neben Italien und Spanien, in Europa die niedrigste Geburtenrate auf.

Im Jahr 2006 wurden 672 724 Kinder lebend geboren, im Jahr 1990 waren es noch 905 675 (Statistisches Jahrbuch 1995, 2007), womit sich ein rückläufiger Geburtentrend abzeichnet. Der als „Krise der Normalfamilie" bezeichnete demographische Wandlungsprozess setzt nach Peukert (2005) bereits 1965 ein, verantwortlich dafür macht er die ständig sinkenden Geburtenzahlen, die stetige Abnahme der Eheschließungen und die hohe Zahl der Scheidungen.

Bis in die 1980er Jahre war insbesondere ein Rückgang kinderreicher Familien (drei und mehr Kinder) zu verzeichnen. Neben diesem Phänomen spielt heute die gewollte Kinderlosigkeit von immer mehr Paaren eine große Rolle. Die Altersstrukturen haben sich einerseits durch den Geburtenrückgang, andererseits durch die steigende Lebenserwartung verändert. Es gibt weniger Kinder und mehr ältere und alte Menschen. Die gemeinsamen Lebenswelten und damit die Berührungspunkte zwischen Erwachsenen und Kindern nehmen ab, was zu zusätzlichen Verunsicherungen im Erziehungsverhalten führen kann. Experten beobachten eine zunehmende Polarisierung der Gesellschaft in einen „familialen" und einen „nicht familialen" Sektor, in dem Kinder nicht mehr selbstverständlich dazugehören.

Vielen Eltern fehlen entwicklungspsychologische bzw. pädagogische Kenntnisse und, da sie selbst als Einzelkinder aufgewachsen sind, fehlen ihnen auch Erfahrungen im Umgang mit Kleinkindern. Viele Erwachsene kennen keinen Alltag mit Kindern mehr und wissen nicht, wie sie mit Kindern umgehen sollen.

Zwar gestalten sich die Interaktionsformen zwischen Eltern und Kindern gleichberechtigter denn je, aber damit ist die Elternrolle auch anspruchsvoller und konfliktreicher geworden. Nach du Bois-Reymond et al. (1994) hat ein historisch kultureller Übergang von einem „Befehlshaushalt" zu einem „Verhandlungshaushalt" stattgefunden. Eltern setzen ihre Interessen nicht mehr einfach durch, sondern versuchen, sie mit denen der Kinder abzustimmen. Die Machtverhältnisse zwischen Kindern und Eltern haben sich zugunsten der Kinder verschoben (vgl. Schütze 2002), was dazu führt, dass Eltern sich eher an ihren Kindern orientieren als diese an den Eltern.

Aus einem Erziehungsverhältnis ist nach Krüger (1996, 226) in über zwei Dritteln der Familien, vor allem aus mittleren und höheren sozialen Schichten, ein Beziehungsverhältnis zwischen Eltern und Kindern geworden, das vorwiegend kindzentriert ist und sich durch einen gestiegenen Eigenwert von Kindheit verändert hat. Insbesondere mittelschichtorientierte Eltern sind weitgehend bemüht, auf die Bedürfnisse und Gefühle ihrer Kinder einzugehen und verfügen im Allgemeinen über mehr Empathie als Elterngenerationen vor ihnen. Der „Normkomplex der verantworteten Elternschaft" (vgl. Kaufmann 1995) verlangt eine hohe Erziehungsverantwortung und die bestmögliche Förderung der kindlichen Entwicklung. Die hohe Professionalisierung von Elternschaft bringt es mit sich, dass gerade diese Eltern ihren Kindern und sich ein Hochleistungsprogramm auferlegen, das einem Wettbewerb um den besten Kindergartenplatz, die beste Schulbildung, den besten Arbeitsplatz und überhaupt um die beste Stellung in der Gesellschaft gleicht (Tschöpe-Scheffler 2005 c).

Eltern, die der Überzeugung sind, dass sie die Weichen für die Karriere und die Zukunft ihrer Kinder schon möglichst früh stellen

müssen, üben Druck auf ihre Kinder aus, der bereits im Grundschulalter
zu Stresssymptomen führt. Untersuchungen zufolge leiden bereits fast
40 % der Grundschulkinder unter psychosomatischen Beschwerden
(vgl. Rolff/Zimmermann 1997, 40 f.).

Dieser psychische Druck stellt eine Form von Erziehungsgewalt
dar, die von vielen Eltern nicht als solche wahrgenommen wird. Aus
Überforderung, Unwissenheit oder Unsicherheit kann Gewalt schneller
entstehen als da, wo Eltern sich ihrer Lebenssituation nicht ausgeliefert und ihrer Erziehungsaufgabe gewachsen fühlen. Von daher sind
Maßnahmen, die die Erziehungssicherheit von Eltern fördern, nicht
nur ein adäquates Mittel zur Gewaltprävention, sondern auch eine
Option, den Familienalltag zu entlasten.

Die eher hilflosen und entmutigten Eltern stehen vor besonderen
Erziehungsproblemen, für die sie keine Lösung finden. Oft haben
sie resigniert aufgegeben, wenn ihre vergeblichen Bemühungen,
den Schwierigkeiten zu begegnen, fehlgeschlagen sind. Gewalt und
wechselseitige Missachtung belasten die Beziehungen zwischen
Eltern und Kindern, beide brauchen ganz konkrete und schnelle
Hilfen für den Alltag, damit sie aus der Gewaltspirale herausfinden.
Das kann im Einzelfall auch bedeuten, dass begleitende Angebote
der Primärprävention nicht ausreichen und Maßnahmen sowohl der
selektiven als auch der indizierten Prävention und/oder eine therapeutische Intervention oder gar eine vorübergehende oder langfristige
Fremdplatzierung des Kindes notwendig werden.

Es wird deutlich, dass eine wesentliche Aufgabe der Sozialen Arbeit
mit Familien heute sein muss, Lebenskompetenzen zu unterstützen und
psychosoziale Bewältigungsmuster aufbauen zu helfen, damit Erwachsene und Kinder den komplexen Anforderungen gewachsen sind.

Krisen und Lebensübergänge können zu einer erheblichen Belastung,
aber auch zu neuen Herausforderungen für einzelne Individuen oder
Systeme führen. Ob eine Anforderung als Belastung oder als kreative Herausforderung erlebt wird, hängt von unterschiedlichen Faktoren ab, nicht
zuletzt auch von dem Zusammenwirken seiner persönlichen kognitiven,
sozialen und emotionalen Ressourcen. Die Entwicklung, Unterstützung
und Sicherung dieser Kompetenzen wird von daher immer wichtiger.
Eltern und Familien in ihren Lebenssituationen zu unterstützen, kann

Einflussfaktoren auf die Eltern-Kind-Beziehung

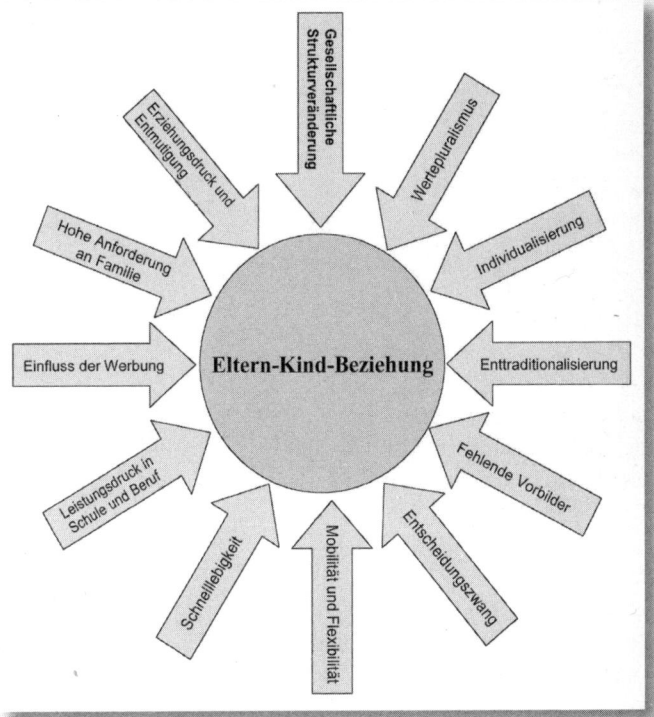

Quelle: Tschöpe-Scheffler 2005c, 22

demnach nicht nur bedeuten, ihnen Erziehungswissen zu vermitteln, sondern muss gleichzeitig auch ihre Handlungsoptionen erweitern helfen, die sie in die Lage versetzen, sich in ihrem Lebensraum als mitgestaltende Subjekte mit Selbstwirksamkeit erleben zu können.

Die Angebote für Eltern und Familien zur Unterstützung ihrer Erziehungs- und Beziehungskompetenz haben sich in den letzten Jahren vervielfacht und stellen eine sinnvolle Präventionsaufgabe im Rahmen der Sozialen Arbeit dar. Sie werden in Kapitel sechs dargestellt.

2.2 WANDEL DER FAMILIENFORMEN

Die Familie heute ist keine einheitliche Gruppe, sondern bildet innerhalb jeden Familientyps unterschiedliche Strukturelemente. Das heißt, dass Ehepaar-Familien, nichteheliche Lebensgemeinschaften, Ein-Eltern-Familien, Patchwork-Familien (⇨ Stieffamilien), Adoptiv- und Pflegefamilien, eingetragene Lebenspartnerschaften, kinderlose Paare oder Ehen, Alleinstehende, Wohngemeinschaften, Adoptivfamilien und andere in sich und zueinander deutliche Gemeinsamkeiten, aber auch viele Unterschiede aufweisen.

Umfragen zeigen, dass der hohe Wert der Familie als Idealbild nach wie vor bei den meisten Menschen ungebrochen ist. Vor allem bestätigen rund 62 % der Jugendlichen, dass sie sich eine Familie und eigene Kinder wünschen (Hurrelmann 2006). Parallel zu den vielfältigen Familienformen entwickeln sich neue Denkmuster, Werteorientierungen und Entwicklungsaufgaben und damit verbunden neue Leitbilder.

Welchen Wandel die Familienleitbilder in den letzten Jahrzehnten vollzogen haben, lässt sich an den Schwerpunktthemen der Familienberichte der jeweiligen Bundesregierung ablesen:

1968   diente die Familie der Sicherung des Bevölkerungsbestandes und wurde als biologische Reproduktionsgemeinschaft verstanden.

1975   war die Familie vorwiegend der Ort für Erziehung und Bildung. Erstmalig fanden in dieser Ausgabe Alleinerziehende und Wahlverwandte (wie z.B. Stiefeltern) Erwähnung.

1979   werden alleinerziehende Familien als „unvollständig" bezeichnet, und es wurde Wert auf die eheliche Kernfamilie gelegt.

1986   wird die Situation der älteren Familienmitglieder berücksichtigt, deren Pflege als anerkannte Familienleistung gilt.

1994   stehen die zunehmenden Individualisierungstendenzen und die daraus resultierenden neuen vielfältigen Lebensformen im Zentrum (mit anderen Worten: erst seit ca. zehn Jahren werden alternative Lebensformen als gleichwertig betrachtet, die Gesellschaft akzeptiert heute weitgehend alternative Lebensformen).

2000   wird die Situation von Familien ausländischer Herkunft in Deutschland beschrieben. Ziel der Bundesregierung ist, die auf Dauer und rechtmäßig in Deutschland lebenden ausländischen Familien am gesellschaftlichen Leben umfassend und gleichberechtigt teilhaben zu lassen. Leistungen von Familien ausländischer Herkunft sind anzuerkennen, Belastungen und Herausforderungen zu benennen und die notwendigen Integrationsmaßnahmen zu verstärken.

2005 Im Mittelpunkt des siebten Familienberichts zum Thema „Zukunft der Familie – Gesellschaftlicher Wandel und sozialer Zusammenhalt" ist die Balance von Familien- und Arbeitswelt im Lebensverlauf ein Hauptthema. Neben dem Wandel und der Stabilität von Familien werden die Veränderungen von Arbeit, Bildung und Wirtschaft, Geld- und Zeitökonomie sowie die Generationenbeziehungen zwischen Kindern, Eltern und Großeltern und Veränderungen der Geschlechterrollen behandelt.

Während 1991 rund 80 Millionen Menschen in Deutschland lebten, stieg die Zahl im Jahr 2007 auf ca. 82,3 Millionen an, davon bildeten Familien mit ca. 8,9 Millionen die größte Gruppe. Insgesamt sank die Zahl der Familien seit 1996 um ungefähr 9 % (Statistisches Bundesamt 2008). Dennoch werden heute rund 70 % der Kinder in Ehen geboren.

In welchen Familien Menschen auch leben, sie alle sind durch die veränderten gesellschaftlichen Bedingungen hohen Belastungen ausgesetzt. Statistisch gesehen ist in der Bundesrepublik Deutschland in den letzten Jahrzehnten insbesondere ein Anstieg der nichtehelichen Lebensgemeinschaften mit Kindern, der Ein-Eltern-Familien sowie Stiefelternschaften durch Wiederverheiratungen festzustellen.

Obwohl der Anteil der verheirateten Paare zurückging, ist die herkömmliche Zwei-Eltern-Familie mit 74 % immer noch die quantitativ dominierende Familienform unserer Gesellschaft. Sie stellt das „Normalitätsmuster" dar und ihr wird eine hohe subjektive Bedeutung zugemessen (Nave-Herz 1994). Demgegenüber ist die Realität vielfältig.

So können Eltern mit Kindern zusammenleben, bei denen (meist) der Vater voll erwerbstätig und die Frau eine unbezahlte vollzeittätige Mutter und Hausfrau ist. Oder es gehen beide einer Erwerbsarbeit auf Teilzeitbasis nach, oder der Vater ist voll erwerbstätig und die Mutter teilzeiterwerbstätig, oder (in selteneren Fällen) der Vater kann

Hausmann sein und die Mutter ist voll erwerbstätig. Schließlich können beide voll erwerbstätig oder auch arbeitslos sein. In einer Familie mit mehreren Kindern werden dem einzelnen Kind durch das gemeinsame Aufwachsen mit Geschwistern wichtige Lernmöglichkeiten geboten. Geschwisterkinder lernen elementare soziale Verhaltensweisen, wie zum Beispiel Teilen, Rücksichtsnahme, sich durchzusetzen, Streiten, sich zu vertragen und vieles andere mehr im Familienkontext. Für Eltern wiederum bedeutet das, auf die wachsenden Bedürfnisse und zunehmenden Kosten durch die Kinder reagieren zu müssen. Oft müssen beide Elternteile berufstätig sein, da dies zur Einkommenssicherung notwendig ist. Das Familienleben und die Familienfreizeit können dadurch eingeschränkt sein. Eine gelingende Vereinbarkeit von Familie und Beruf erfordert besondere Betreuungsmöglichkeiten für Kinder und Jugendliche. Da bislang die Voraussetzungen zur Vereinbarkeit von Familie und Beruf in vielen Familien nicht hinreichend erfüllt sind, bleibt Familienleben ein privates Problem.

Kinder und Jugendliche und ihre Sichtweisen:

Junge: Weißt du, meine Eltern sind geschieden und mein Vater ist alleinerziehend.

Mädchen: Meine Mutter ist auch alleinerziehend.

Junge: Aber ihr seid doch eine ganz normale Familie mit Vater, Mutter und so?

Mädchen: EBEN!

Quelle: Legatis/Schnell-Näf 1993, 30

Die Familienform der alleinerziehenden Familien (Ein-Eltern-Familien) ist die zweitgrößte Gruppe. Seit 1975 ist nach Ergebnissen des Mikrozensus die Zahl der Alleinerziehenden um ca. 50 % gestiegen, was u.a. auch mit der gestiegenen Scheidungshäufigkeit zusammenhängt. Alleinerziehende tragen insbesondere im Hinblick auf ihre soziökonomische Situation hohe Risiken. Etwa ein Viertel der Alleinerziehenden lebt dauerhaft von Sozialhilfe (vgl. BMfFsFJ 2003a). Betrachtet man den relativ großen Teil der Alleinerziehenden in Deutschland, so wird deutlich, dass viele Männer und Frauen in ihren Biographien Umbrüche ihrer Familienstruktur erfahren und zu bewältigen haben. Nicht selten wurden Kinder aufgrund ihrer Zugehörigkeit zu einer Ein-

Eltern-Kind-Familie diskriminiert und erfuhren ungerechte Behandlung und Beurteilung. Heute sind ca. 18 % aller in Deutschland lebenden Familien Ein-Eltern-Kind-Familien. 86 % aller Alleinerziehenden sind Frauen. Alleinerziehende Mütter und Väter sind eine heterogene Gruppe, deren Lebenssituation wesentlich von den zu lösenden Entscheidungen geprägt ist (Statistisches Bundesamt 2008). Auch unter dem Begriff „Alleinerziehen" lassen sich verschiedene Lebenssituationen subsummieren, die sich z.b. hinsichtlich ihrer Entstehung und Dauer, ökonomischen Situation und Partnersituation, Alter und Zahl der Kinder unterscheiden. Das kann bedeuten, dass eine Mutter, die mit ihrem/n Kind(ern) zusammenlebt, ledig, getrennt lebend, verwitwet oder auch geschieden sein kann. Sie kann einen Partner haben, der sie entlastet, aber nicht gemeinsam mit ihr lebt. Eine weitere Differenzierung ergäbe sich durch die Berufstätigkeit der/des Alleinerziehenden. Für Väter, die allerdings als Alleinerziehende eher in der Minderzahl sind, gilt Ähnliches. Im Vergleich zu Paarfamilien sind Ein-Eltern-Kind-Familien in vieler Hinsicht doppelt belastet. Die elterlichen Aufgaben konzentrieren sich bei Ein-Eltern-Kind-Familien überwiegend entweder auf die Mutter oder auf den Vater. Sofern kein neuer Partner, Eltern, Nachbarschaft oder andere soziale Netzwerke vorhanden sind, die unterstützend eingreifen können, sind diese Eltern durch Beruf, Erziehung und Haushalt vielfach überlastet. Sind die Kinder noch klein, muss häufig auf die Berufstätigkeit (vorerst) verzichtet werden; damit sinkt das Familieneinkommen. In Situationen, in denen Alleinerziehende die erforderliche Krippen- und Kindergartenbetreuung in Anspruch nehmen, wird dies häufig durch die entstehenden Kosten problematisch.

Patchwork-Familien (Lebensgemeinschaften) bilden im Jahr 2000 mit ca. 7 % die drittkleinste Gruppe aller Familienformen (Bundeszentrale für politische Bildung 2003). In ihrer Form ist die Patchwork-Familie kein neues Modell. Der frühere Begriff der „Stieffamilie" ist durch den neuen ersetzt worden. Es gab schon immer Kinder, die nicht bei ihren leiblichen Eltern aufwuchsen. Oft entstanden diese Familien durch Verwitwung und erneute Heirat eines Elternteils. Die heutigen Entstehungsgeschichten der Patchwork-Familien beruhen häufiger auf Scheidung und der Bildung einer neuen, gegebenenfalls auch nichtehelichen Partnerschaft. Hierbei bringen eine/r oder beide Partner/innen ihre Kinder mit in die neue Beziehung ein, haben vielleicht noch Kinder, die bei den ehemaligen Partnern/Partnerinnen leben und zusätzlich gemeinsame leibliche Kinder in der neuen Beziehung.

Stieffamilien haben umfassende Anpassungsleistungen zu erbringen und können in unterschiedlicher Form mit der jeweiligen Ursprungsfamilie verbunden sein. Dabei sind nicht nur die Kontakte zu dem nicht in der Familie lebenden Elternteil, sondern auch zu den (Halb)-Geschwistern, den Großeltern und Verwandten neu zu organisieren. Die betroffenen Elternteile, Partner und Partnerinnen und Kinder sind hier in hohem Maße gefordert.

Kinder und Jugendliche und ihre Sichtweisen:
Mädchen ☺: Ich hatte schon drei Papas! Und du?
Junge ☺: Fünf. Dabei hätte ich lieber mal 'ne neue Mama!

Quelle: Schneewind 2002

Die Anzahl der *Mehrgenerationen-Familien*, also Familien, in denen Großeltern, Eltern und Kinder leben, ist in den letzten zwei Jahrzehnten gesunken. 1972 war diese Familienform noch mit ca. 7 % vertreten, heute zählen ca. 2 % Familien zu dieser Gruppe (Statistisches Jahrbuch 2007). Diese Familienform gehört neben der Kleinfamilie zu den ältesten Familienformen der Geschichte und ist heute verstärkt noch bei Migranten oder in traditionell bäuerlichen Milieus zu finden. Oft sind beide Eltern berufstätig und die Großeltern im Rentenalter. Was die Erziehung der Kinder betrifft, fühlen sich alle Erwachsenen verantwortlich. Einerseits haben Kinder und Jugendliche durch diese Familien mehr Möglichkeiten, Meinungen aus einer Mehrgenerationenperspektive zu erfragen, andererseits heißt es aber auch, mehr Durchsetzungsvermögen entwickeln zu müssen, um gegen die Mehrzahl von Erwachsenen bestehen zu können. Besonders in Konfliktsituationen mit den Eltern können sich die Kinder und Jugendlichen Verständnis, Hilfe und Rat bei den Großeltern holen. Für die Eltern kann dies leicht als Kontrolle und Einmischung in die Erziehung ihrer Kinder verstanden werden. Der Entlastungsaspekt, den die Eltern durch die Anwesenheit ihrer Eltern und der Großeltern erfahren, überwiegt vor allen Dingen dann, wenn alle sich in Toleranz üben.

Die rückläufigen Zahlen für großfamiliäres Zusammenleben in deutschen Familien können damit begründet werden, dass Eltern und erwachsene Kinder immer mehr in eigenen Haushalten leben und es sich zur Normalität entwickelt hat, dass Kinder spätestens, wenn sie heiraten, eine eigene Wohnung beziehen. Die Großeltern leben in einem eigenen Haushalt, aber dennoch in räumlicher Nähe zu den anderen Familienmitgliedern. Das heißt, auch wenn nicht alle im gleichen Haushalt leben, besteht weiterhin ein regelmäßiger Kontakt.

Der familiäre Wandel zeigt sich auch in einem Wandel der Erziehungsziele. In einer Elternbefragung des Staatsinstituts für Familienforschung an der Universität Bamberg (Rupp 2004, 18) meinten Eltern, dass ihre Kinder vor allem Selbstvertrauen, Selbstbewusstsein und soziale Kompetenzen entwickeln müssten. Weniger wichtige Ziele waren Fleiß und Gehorsam, Erziehungsziele, die in den 50er Jahren in der Rangliste hoch oben angesiedelt waren.

Mit den Erziehungszielen Selbstvertrauen, Durchsetzungsfähigkeit, Kritikfähigkeit und Selbstständigkeit sind eine bestimmte Erziehungs*haltung* und ein Erziehungs*verhalten* verbunden, die weitgehend einem partnerschaftlich-demokratischen Erziehungsstil entsprechen. Auf den Zusammenhang von Erziehungsstil und Persönlichkeitsentwicklung wird in Kapitel 3.2 differenzierter eingegangen.

Die Familie stellt nach wie vor die entscheidende „Werkstatt für Persönlichkeit" dar und nimmt auf unterschiedliche Weise Einfluss auf die Persönlichkeitsentwicklung des Kindes. Elternschaft und der Familienalltag mit den Aufgaben von Betreuung, Erziehung und Bildung der Kinder stellen für alle Eltern besondere Anforderungen dar, die eine aktive Bewältigung verlangen, auf die im nächsten Kapitel eingegangen wird.

2.3 Bewältigungsanforderungen im Kontext von Elternschaft und Erziehung

Es kann davon ausgegangen werden, dass in der Auseinandersetzung mit den Anforderungen an die Elternschaft und die Erziehung Bewältigungsstereotypen einsetzen, die insbesondere in Krisen und kritischen Lebensphasen nicht mehr greifen und verändert werden müssen.

So beginnt z.B. nach der Geburt des Kindes für das Paar nicht nur eine neue Aufgabe, sondern auch eine neue Familienkonstellation (aus zweien werden drei), die mit neuen Herausforderungen verbunden sein kann. Ob oder wie Elternschaft gelebt wird und wie Alltags- und Erziehungsprobleme bewältigt werden, wird immer weniger durch tradierte Bewältigungsmuster vorgegeben, sondern muss individuell gestaltet werden. So kann z.B. die Diskrepanz zwischen der Vorstellung von der Rolle der Mutter oder des Vaters und dem realen Rollenverhalten junger Eltern zu Enttäuschungen und Konflikten führen. Vater oder Mutter machen die Erfahrung, dass die in der bisherigen Biografie erworbenen Bewältigungskompetenzen nicht mehr ausreichen. In Anlehnung an die bisherigen Ausführungen zu den Alltagskonzepten kann davon ausgegangen werden, dass diese in kritischen Lebensphasen nur bedingt tragen. Das Individuum fühlt sich auf sich selbst verwiesen und ist von daher schneller überfordert, hilflos und allein. Die Wahrnehmung der individuellen aktuellen Überforderung könnte für die Bewältigung entsprechender Situationen entscheidend sein.

In Zusammenhang mit dem Begriff der „Integritätskrise im Erwachsenenalter" verweist Böhnisch (1997, 43) darauf, dass Bewältigungsprobleme meist dann entstehen, wenn die Alltagswirklichkeit und die Vorstellungen und Idealisierungen des Individuums weit auseinanderklaffen. Als Folge gesellschaftlicher Desintegration betrachtet der Sozialwissenschaftler die Probleme im zwischenmenschlichen Bereich nicht nur unter dem Gesichtspunkt „pathologischer Zustände", sondern als „strukturelle Konstellationen" (Böhnisch 1997, 25 f.).

Aufgabe der Sozialpädagogik ist es, sich den typischen Bewältigungsaufgaben des modernen Menschen zuzuwenden und geeignete Konzepte hierzu zu entwickeln, die ihre Lebenssituation entwicklungsfördernd gestalten. Böhnisch betrachtet aus sozialpädagogischer Sicht die Lebensphasen Kindheit, Jugend, Erwerbsalter und Alter unter dem Paradigma ihrer „biografischen Bewältigungskonstellationen".

Lebensbewältigung wird definiert als das „Streben nach subjektiver Handlungsfähigkeit in kritischen Lebenssituationen, in denen das psychosoziale Gleichgewicht – Selbstwert und Anerkennung – gefährdet ist" (Böhnisch 2001, 119). Wenn die bisher verfügbaren personalen und sozialen Ressourcen in Krisensituationen nicht mehr ausreichen, werden Lebenssituationen als kritisch betrachtet. Der sozialstrukturelle Kontext der Lebensbewältigung wird bei Böhnisch besonders thematisiert und in Zusammenhang mit dem Begriff der Sozialintegration gebracht. Er bezeichnet damit zum einen den gesellschaftlichen Ort, an dem die Probleme für den Menschen entstehen können und mit dem Verhaltenserwartungen, Traditionen, kulturelle Überlieferungen u.Ä. verbunden sind. Zum anderen werden subjektbezogene Faktoren und biografische Bewältigungskompetenzen, die unter den Bedingungen bisheriger Problemlösungsstrategien eingesetzt werden, in kritischen Lebenssituationen aktiviert. Angesichts wachsender Individualisierung der Berufs- und Familienstrukturen ist die Lebensphase des Erwachsenen dadurch gekennzeichnet, dass

> „... zunehmend unkalkulierbare biografische Risiken und Zwänge zur Selbstverständlichkeit geworden sind, welche eine Umorientierung, wenn nicht gar einen Neubeginn in der Berufsbiografie oder den Partner- und Sozialbeziehungen (...) erzwingen können" (Böhnisch 1997, 191 ff.).

Das sozialpädagogische Konzept der Lebensbewältigung korrespondiert eng mit dem sozialpolitischen Konzept der sozialen Lebenslage, mit der ein „... Set von Möglichkeiten und Mustern der Bewältigung von Lebensproblemen ... verbunden wird" (Böhnisch 1985, 89).

Lebensbewältigung kann nur vor dem Hintergrund der sozialen Lebenslage geschehen. Folgende Grunddimensionen, die Auslöser für Bewältigungsstrategien sein können, werden nach Böhnisch (2002, 1120) unterschieden:

- die tiefenpsychologisch eingelagerte Erfahrung des Selbstwertverlustes,
- die Erfahrung sozialer Orientierungslosigkeit und fehlender sozialer Unterstützung,
- die handlungsorientierte Suche nach Formen sozialer Integration mit dem Ziel, das Bewältigungshandeln zu integrieren.

Das Konzept ist im Zusammenhang mit Elternschaft und dem Alltagshandeln in der Familie durchaus übertragbar, denn auch hier sind die subjektiven Krisensituationen der Individuen und die sozialstrukturellen Gegebenheiten häufig aufeinander bezogen. So werden die individuellen Problemlösungsstrategien in Erziehungssituationen von Vätern und Müttern immer auch beeinflusst von bestimmten Mustern der Lebensbewältigung, die in die jeweilige soziale Umwelt eingebettet sind. So spielen z.B. die soziale Schicht, das soziale Milieu, die sozioökonomischen Rahmenbedingungen, die geschlechtsspezifische Sicht, der Einfluss des sozialen Netzwerks oder der Medien, die kulturelle Identität oder der aktuelle Familienstatus der Eltern, die sich zu „Bewältigungsstereotypen" herausbilden (Böhnisch 1985, 8 f.), eine wichtige Rolle bei der Lebensbewältigung,

Als ein wesentliches Bewältigungsproblem sieht Böhnisch die Trennung zwischen öffentlicher und privater Sphäre. So gibt es klare öffentliche Erwartungen an Eltern, die sie allerdings in privater Verantwortung lösen müssen. Es wird selbstverständlich unterstellt, dass Eltern „von Natur aus" erziehungsfähig seien. Scheitern sie in ihren Aufgaben, fehlt es immer noch an Verständnis, Unterstützung und öffentlicher Verantwortung. Wenn allgemein „(...) ein harmonisches und stabiles Familienbild heiler Intimität propagiert wird, das sich aber keinesfalls mit der Realität von Familien verträgt" (Böhnisch 1997, 206), dann gehört viel Mut dazu, Überlastung und Überforderung einzugestehen und Hilfen in Anspruch zu nehmen.

Eine weitere Spannung sieht Böhnisch zwischen dem Funktions- und Integrationsaspekt der Familie, die „ nach außen gesellschaftlich funktionieren (soll) und gleichzeitig genug Integrationskraft, Zusammenhalt und ‚Empowerment' nach innen aufbringen muss" (1997, 61). So wird z.B. das Ereignis einer Geburt persönlich und gesellschaftlich als durchaus positiv bewertet. Paare können dieses „freudige Ereignis" in ihrem Familienalltag allerdings als durchaus belastend und konfliktreich erleben. Auch andere Erfahrungen stehen dem Leitbild eines gelungenen Familienlebens oft gegenüber: so fällt es vielen Eltern schwer, ihre Vorstellungen einer gewaltfreien Beziehung im Familienalltag zu realisieren, und sie sind über sich selbst erschrocken, wenn sie ihr Kind im Affekt schlagen oder demütigen. Die grundlegende Ambivalenz zwischen dem System Familie und den individuellen Bedürfnissen einzelner Familienmitglieder stellt nach Böhnisch (1997, 210) ein „strukturelles Bewältigungsdilemma" dar, das den Hintergrund für individuelle konkrete Probleme einzelner Familien bildet.

Da insgesamt die Erwartungen an die Erziehungskompetenz der Eltern gestiegen sind, werden Abweichungen davon als persönliche Unfähigkeit gesehen, die mit Schuldgefühlen verbunden sein kann. Die bisher genannten Ambivalenzen sind mit ein Grund für die häufig genannten Verunsicherungen von Eltern, die allerdings, positiv und hoffnungsvoll gedeutet, zur Suche nach neuen Bewältigungsmustern führen können. Welche Rolle in diesem Zusammenhang die Erziehung und das Alltagswissen der Eltern spielen, soll im folgenden Kapitel dargestellt werden.

Übungs- und Wiederholungsfragen

1. Welche drei Einflussfaktoren kennzeichnen den Wandel unserer modernen Gesellschaft und wirken sich damit auf Erziehungsprozesse und Familienbeziehungen aus?
2. Wie veränderte sich die Situation der Familie im Zuge der Industrialisierung?
3. Welche Folgen hat dies für die Familie heute?
4. Welche Chancen und Risiken gehen mit diesen Veränderungen einher?
5. Was verstehen Sie unter „Patchwork-Identität"?
6. Wie kann Belastungssituationen in Familien, beispielsweise durch Trennung, Scheidung, Umzug etc., begegnet werden?
7. Was verstehen Sie unter der „Krise der Normalfamilie"?
8. Inwiefern haben sich die Interaktionsformen zwischen Eltern und Kindern verändert?
9. Welche Probleme sind mit diesen Veränderungen verbunden?
10. Nennen Sie Faktoren, die sich negativ auf die Eltern-Kind-Beziehung auswirken können.

11. Welche unterschiedlichen Familienformen kennen Sie?
12. Beschreiben Sie kurz, wie sich die Familienleitbilder in den letzten Jahrzehnten verändert haben.
13. Welche Chancen und Risiken birgt das Leben in einer Kleinfamilie mit mehreren Kindern für Erwachsene wie Kinder?
14. Mit welchen Doppelbelastungen sehen sich Alleinerziehende konfrontiert?
15. Weshalb ist für Kinder ohne Geschwister der Besuch eines Kindergartens von besonderer Bedeutung?
16. Welche besonderen Spannungen können sich in Patchwork-Familien ergeben?
17. Welche Besonderheiten kennzeichnen Mehrgenerationen-Familien?
18. Was ist unter Lebensbewältigung zu verstehen?
19. Welche wesentlichen Bewältigungsprobleme haben Eltern heute (nach Böhnisch)?
20. Was kann nach Böhnisch Auslöser für Bewältigungsstrategien sein?

3. (FAMILIEN-)ALLTAG UND ERZIEHUNG

Im Folgenden soll die grundlegende Frage nach der Legitimation von Erziehung gestellt werden: Warum braucht ein Mensch Erziehung? Daran knüpft sich die Frage nach der anthropologischen Dimension von Erziehung, des Weiteren soll dargestellt werden, wie Alltagskonzepte von Erziehung entstehen, wodurch sie geprägt sind und wie sie gestaltet bzw. verändert und erweitert werden können. Welche Bedeutung haben dabei die Haltung, das Menschenbild und der Erziehungsstil der Eltern?

3.1 ANTHROPOLOGISCHE DIMENSIONEN VON ERZIEHUNG

Im Gegensatz zu höheren Säugetieren ist der Mensch in den ersten Lebensjahren nicht in der Lage, seine Grundbedürfnisse selbst zu befriedigen oder an gesellschaftlichen Lebenszusammenhängen aktiv gestaltend eigenständig teilzunehmen. Zum Überleben ist ein

Säugling auf die liebevolle Pflege und Fürsorge anderer angewiesen. Abhängig von soziokulturellen Gegebenheiten muss er in einem relativ langen Prozess des Erwachsenwerdens beträchtliche Lernleistungen erbringen, um sein Leben selbstständig gestalten zu können. In Zeiten der enormen Beschleunigung in Wissenschaft und Technik stellt sich dies als lebenslanges Lernen dar. Lernen geschieht hierbei sowohl intentional durch gezielte Interventionen und Lernanreize von Eltern und professionell tätigen Pädagogen als auch durch eigentätige Aneignung von Lebenswelt, vorerst im „sozialen Zentrum", dem „sozialen Nahraum" (Bronfenbrenner 1976).

Mit der Lern- und Erziehungsbedürftigkeit des Menschen sind auch seine Lernfähigkeit und Erziehbarkeit verbunden. Grundlage des Erziehungsalltags – und auch des Erziehungskonzepts – ist das Menschenbild derjenigen, die erziehen. Es hat maßgeblich Einfluss auf die Haltung des Erwachsenen dem Kind gegenüber und beeinflusst das alltägliche Zusammenleben: Es ist ein gravierender Unterschied, der sich auf die Einstellung zum Kind und auf das Erziehungsverhalten auswirkt, ob Eltern ihr Kind vorwiegend als Objekt der Erziehung betrachten oder ob sie dem Kind das „Recht auf Achtung" zuschreiben und es als Subjekt verstehen (Korczak 1999).

Abgesehen vom Menschenbild und dem darauf basierenden Erziehungskonzept spielt die Umwelt, in der eine Familie lebt, eine große Rolle für die Gestaltung des Erziehungsalltags. Entscheidende Bedingungen sind die Wohnverhältnisse, das soziale Umfeld, die Arbeitslage der Eltern, die finanzielle Situation der Familie, die Einstellung der Gesellschaft zur Familie und die Zugänglichkeit der Unterstützungsleistungen.

Der Erziehungsalltag wird also nicht nur durch das Erziehungskonzept und Menschenbild beeinflusst, sondern auch durch die Umweltbedingungen der Familie.

Jeder Mensch hat eine Vorstellung von dem, was unter Erziehung zu verstehen ist. Diese individuelle Ansicht ist vor allem durch eigene Kindheitsmuster geprägt, die trotz aller Unterschiedlichkeit in einen gemeinsamen gesellschaftlichen Kontext eingebunden sind. Der Erziehung werden vielfältige Bedeutungen zugeschrieben, die sich je nach Betrachtungsweise durchaus widersprechen. Historische, gesellschaftliche, soziokulturelle Entwicklungen und lebensweltliche Rahmenbedingungen und Orientierungen sind der Grund für die unklare definitorische Aussage dessen, was Erziehung ist und was sie bewirken soll. In einer pluralistischen Gesellschaft werden Zielvorstellungen über Erziehung notwendigerweise *unterschiedlich und damit auch* kontrovers bleiben. Ausgangspunkte sind die persönlichen Norm- und Wertvorstellungen sowie das Alltagswissen von Erzieherinnen und Erziehern.

Erziehung findet zuerst in der Primärsozialisation in der Familie statt und stellt eine zentrale, alltägliche Aufgabe dar, die einen eigenen Raum im Familienleben einnimmt. Das Familienleben findet in einem festen Rahmen, dem Familienalltag, statt und wird durch die Kommunikation und das jeweilige Verhalten der einzelnen Familienmitglieder bestimmt. Jede Familie entwickelt ihre eigenen Muster für ihre Anthropologie, ihre Kommunikation, ihre Interpretationen und ihr Handeln. Die Muster werden ständig geübt und verwendet und somit manifestiert. Die Interaktionen orientieren sich also an einem internalisierten Selbstverständnis, das auf dem Alltagswissen der einzelnen Mitglieder basiert. Zugleich schaffen die Interaktionen auch erst dieses Alltagswissen.

Die grundlegenden individuellen Deutungsmuster für Alltagshandeln entstehen in alltäglichen Interaktionen, die durch ihre wiederholte Anwendung in der Primärsozialisation stabilisiert werden. Es liegt nahe, die spezifische Typik dieser Prozesse genauer zu untersuchen.

3.2 ERZIEHUNG UNTER DEM ASPEKT ALLTÄGLICHEN WISSENS UND HANDELNS

Normalerweise machen wir uns wenig Gedanken über unsere Wirklichkeit, die wir als unbezweifelbare Realität ansehen. Meist wird sie unreflektiert und als selbstverständlich gegeben hingenommen. Die Grundstruktur dieser Wirklichkeit haben alle Individuen einer Kultur gemeinsam, denn der Alltag beruht auf einem gemeinsamen Interpretationsrahmen. Dadurch ist das Erleben, Erkennen, die gegenseitige Beziehungsaufnahme, die Art und Weise, wie wir handeln, ähnlich, zumindest wird diese Ähnlichkeit unterstellt. Dadurch wird den Menschen untereinander ein angemessenes Handeln ermöglicht.

Dieses Alltagswissen ist durch räumliche, zeitliche und soziale Grundstrukturen, durch den Lebenslauf, individuelle physiologische Gegebenheiten und die Kultur, in der ein Mensch lebt, geprägt und auch begrenzt. Das Alltagswissen des Einzelnen entsteht nicht nur durch selbst Erlebtes, sondern hauptsächlich durch den Austausch und die Vermittlung von Erfahrungen und Erkenntnissen der Mitmenschen. Der Wissensvorrat des Alltagshandelns beruht weitgehend auf der Sozialisation und den Traditionen, die in einer bestimmten Gesellschaft vermittelt werden.

Jeder Mensch wird im Rahmen seiner alltäglichen Lebenswelt dazu herausgefordert, sich mit Natur, Kultur und Gesellschaft auseinanderzusetzen und seine Erfahrungen zu interpretieren. Die alltägliche Umwelt muss wenigsten teilweise verstanden werden, um sich orientieren und in ihr leben zu können. Auf diese Weise wird aus dem Erfahrungsvorrat, den Ansichten und den darauf basierenden Überzeugungen ein *Alltagskonzept* entwickelt. Es ermöglicht die Zuordnung des Wahrgenommenen oder Erlebten in ein individuelles Bezugsschema. Bei der Konfrontation mit einer unbekannten Situation wird versucht, diese mit bekannten Mitteln, im Einklang mit dem Alltagswissen zu lösen, wodurch der kognitive und emotionale Lösungsaufwand in Grenzen gehalten wird.

Auf dieser These basierend, setzt eine psychologische Theorie zu Strategien der Sicherung und Änderung von Wissenschafts- und Alltagskonzepten von Dietmar Görlitz an.

Er untersucht, wie Menschen versuchen, ihr Alltagskonzept vor Erfahrungswiderspruch zu schützen und somit vor Änderungen zu bewahren. Weiterhin erläutert er Gesichtspunkte, die zu Verhaltensänderungen führen können. Diese Theorie ist in unserem Zusammenhang von Elternschaft und Erziehung wichtig, da sie darstellt, wie Bewältigungsstrategien entstehen und wie notwendige Veränderungen initiiert werden können. Görlitz vertritt die These, dass der Mensch durch Sicherungsstrategien an inhaltlich bestimmten Meinungs- und Glaubenssätzen festhält, um die Stabilität seines Alltagskonzepts nicht zu gefährden. Widersprüchliche Erfahrungen, die sich nicht in die Alltagskonstruktion eines Akteurs einordnen lassen, wirken verunsichernd, weil sie die Konzeption der alltäglichen Lebenswelt meist in mehreren Punkten in Frage stellen. Der Mensch sehnt sich aber nach einem stabilen Bezugssystem und versucht deshalb, es vor Änderungen zu schützen. Aufgrund dessen entwickelt er prozessual ablaufende Strategien zur Sicherung (oder zur Änderung) von Alltagskonzepten.

Wird eine Alltagstheorie oder ein Glaubenssatz mit der Realität konfrontiert, so können verschiedene Wege beschritten werden. Ein bestätigendes Ereignis wirkt unmittelbar systemstabilisierend, es stützt die Alltagstheorie. Ein widersprechendes Ereignis führt zu einem Erfahrungswiderspruch, der entweder die Sicherungs- oder Änderungsstrategien des Akteurs aktiviert oder den Widerspruch gar nicht bei der bestehenden Theorie einordnet und so verdrängt. Die Sicherungsstrategien bewirken, dass das bestehende Konzept nicht geändert werden muss und man an seinem ursprünglichen Glaubenssatz festhalten kann. Die Änderungsstrategien wirken reformierend auf das Konzept, und es muss eine neue Theorie, die auf den neuen Erfahrungen beruht, aufgebaut werden. Systemstabilisierende Sicherungsstrategien lassen sich ansatzweise mit den Abwehrmechanismen der psychoanalytischen Theorie vergleichen.

Nach Görlitz gibt es fünf unterschiedliche Möglichkeiten, wie mit einem *erfahrungswidersprechenden Ereignis* umgegangen werden kann:

- man kann sein Vorhandensein nicht akzeptieren, man „umgeht"
  und ignoriert es,
- man kann seine Bedeutung verändern, es „umdeuten",
- man kann seine Gegebenheit anerkennen, aber es abwerten und
  „umwerten",
- man kann die subjektseitige Verwendung verändern, es "umgehen",
- man kann es in seiner Existenz bedrohen, es vernichten, im Keim
  ersticken, es „um-bringen" (Görlitz 1981).

Wann aber verändert man sein Konzept?

Wodurch kommt es zu reformierenden Aktivitäten des Alltagskonzepts bzw. einzelner Glaubenssätze in diesem Konzept?

Dies sind Fragen, die sich im Zusammenhang mit Alltagstheorien über Erziehung stellen. Wie können Eltern ihre bisherigen, entwicklungshemmenden Erziehungskonzepte zugunsten entwicklungsfördernder Verhaltensweisen verändern? Wie kann z.b. eine Mutter, die davon überzeugt ist, dass eine Ohrfeige eine angemessene Erziehungsstrategie ist, zu neuen, entwicklungsfördernden Verhaltensweisen finden?

Zum einen gibt es autonome Änderungen (das Konzept ändert sich, man ändert es selbst), und zum anderen gibt es heteronome, erzwungene Änderungen. Man selbst ändert autonom sein Konzept, wenn die „Kosten höher als der Nutzen" sind. „Eine solch elementare Störung der Kosten-Nutzen-Bilanz scheint, entsprechend klinisch-therapeutischen Belegen, die Erfahrung von Leid und das Erleben von Krisen zu sein ... " (Fietkau, Görlitz 1981), d.h. der Leidensdruck wäre als grober Indikator für Veränderungschancen zu sehen. Krisen haben systemverändernde Dynamiken und können reformierend wirken. Auch das Erkennen eines entscheidenden Vorteils ermutigt zur Änderung. Ein nicht zu unterschätzender Vorteil wäre etwa, wenn Erziehung weniger Belastung und Stress und mehr Freude für alle Beteiligten bedeutete.

Abgesehen von der *Kosten-Nutzen-Bilanz* sind für eine Änderung noch zwei andere Gesichtspunkte ausschlaggebend: die erreichte Rigidität (Grenzfestigkeit) des Konzepts und das Wahrnehmen und Leiden an einer Spannung zu anderen „Systemen" (z.B. Konflikte im sozialen Netz) durch das Beharren auf den eigenen Glaubenssätzen.

Diese Strategien der Sicherung und der Änderung von Konzepten spielen eine besonders große Rolle für den alltäglichen Umgang miteinander.

Diese für den Alltag generell geltende Theorie kann auch auf die Erziehung in der Familie übertragen werden. Ein großer Teil der Erziehung beruht auf dem *Alltagswissen der Eltern*. Somit gründet das Erziehungskonzept des Einzelnen ebenfalls auf individuellen, familiären, sozialen und kulturellen Erfahrungen. Das bedeutet, dass Eltern die Erziehungstheorien, die ihr Erziehungsverhalten prägen, weitgehend ihrem persönlichen Erfahrungsschatz, ihrem Alltagswissen entnehmen. An diesem orientiert man sich grundsätzlich, wenn man mit seinen Mitmenschen in Interaktion tritt. Es enthält die Bezugsschemata, die

Theorien und Glaubenssätze, die wichtig sind, um Handlungen und Reaktionen der Mitmenschen einzuordnen und ein eigenes angemessenes Verhalten zu ermöglichen. Dieses Alltagswissen lässt sich in drei aufeinander folgende Formen unterschiedlicher Wertigkeit unterteilen (vgl. Fietkau, Görlitz 1981, 67 f.):

a) Das *Herstellungswissen* ermöglicht es dem Menschen, so zu reagieren und zu agieren, dass man beim Anderen ein gewünschtes Verhalten herstellt. Es ist aber auf bestimmte Personen oder Situationen beschränkt. Beispiel: Eltern wissen, dass *ihr Kind* zu weinen aufhört, wenn sie es auf den Arm nehmen.

b) Das *Regelwissen* ist nicht auf eine konkrete Situation oder einen bestimmten Menschen bezogen. Es ist ein Wissen um allgemeine Gesetzmäßigkeiten. Beispiel: Erwachsene wissen, dass man kleine Kinder in der Regel beruhigen kann, wenn man sie auf den Arm nimmt.

c) Die dritte und höchste Form des Alltagswissens ist das *Funktionswissen*, das erklärt, warum man mit einem bestimmten Verhalten bei einem anderen Menschen das erreicht, was man erreichen will, oder wieso derjenige in dieser Art und Weise reagiert und handelt. Es liefert Erklärungen über einzelne Verhaltenssituationen und Gesetzmäßigkeiten – im Grunde erklärt dieses Wissen, wie ein Mensch „funktioniert". Beispiel: Eltern wissen, dass das Weinen des Kleinkindes ein Hilferuf sein kann und sich durch den Körperkontakt beim Aufnehmen ein Gefühl der Geborgenheit und des Trostes einstellt.

Alltagswissen ist nicht unfehlbar: „Es gibt zahllose Beispiele für wenig erfolgreiche Rezepte (Herstellungswissen), für unzulässige Verallgemeinerungen (Regelwissen) und unzureichende Erklärungen (Funktionswissen)" (vgl. Fietkau, Görlitz 1981, 69 f.).

Aber diese Bezugsschemata ermöglichen das Handeln im Erziehungsalltag und werden ganz wesentlich in die Erklärung und Legitimation von Verhaltensweisen einbezogen.

„Das Fehlen von Alltagstheorien hätte einen Verlust an Handlungskompetenz zur Folge" (Hierdeis, Hug 1997, 140 f.).

Das Vorhandensein von pädagogischen Alltagstheorien ermöglicht die Bildung eines Erziehungskonzepts, das als Maßstab für die Eltern-

Kind-Interaktion dient. Mit diesem Erziehungskonzept wird der Erziehungsalltag gestaltet, der nicht nur durch das konkrete erzieherische Eingreifen, sondern überwiegend durch die Art des Zusammenlebens zwischen Eltern und Kindern bestimmt wird. Dabei spielt das alltägliche Verhalten der Eltern als Vorbild für die Kinder eine beträchtliche Rolle für das Erlernen von Verhaltensweisen. Der Erziehungsalltag in der Familie beruht also weitgehend auf dem gemeinsamen Erfahrungsbereich der Kinder und der Erwachsenen. Das Wissen der Kinder über diese Welt wird dadurch geprägt.

Eltern, die bereit sind, sich neuen Situationen gegenüber offen zu verhalten und ihr Verhalten in Frage zu stellen, sind in der Lage, ihre Handlungskompetenz zu erweitern. Eltern benötigen diese Offenheit, da das pädagogische Alltagswissen, wie zuvor erwähnt, zum einen nicht unfehlbar und zum anderen begrenzt ist. Besonders bedeutsam wird dieser Aspekt z.B. bei der Konfliktlösung im Erziehungsalltag: Eltern sind in den verschiedenen Entwicklungsphasen des Kindes mit unterschiedlichen Aufgaben konfrontiert. Während sie im ersten Lebensjahr die Bindung ermöglichen sollen, wird in den kommenden Lebensjahren erwartet, dass sie die Autonomie des Kindes unterstützen. Eine starke Rigidität im Erziehungskonzept der Eltern verhindert eine Anpassung an die Entwicklungsaufgaben des Kindes, aber auch an die situativen und individuellen Bedürfnisse.

Eine feinfühlige, sensible Wahrnehmung ist ebenso wichtig wie die Offenheit und Bereitschaft, um auf die sich ändernden Bedürfnisse des Kindes flexibel eingehen und das vorhandene Erziehungskonzept auf seine Gültigkeit und Wirksamkeit hin überprüfen zu können. Auch hier kann von einer Kosten-Nutzen-Bilanz (oder von einer Aufwand-Erfolg-Bilanz) gesprochen werden, da die Eltern mit ihrem Erziehungsverhalten möglichst qualitative Veränderungen beim Kind und in der Interaktion erreichen wollen. Eine Erziehungsmethode und somit auch das zu Grunde liegende Alltagswissen werden, wenn sie keinen Erfolg bringen, auf Änderung oder Sicherung hin überprüft. Das Verhalten im Erziehungsalltag wird im besten Fall überdacht, wenn es sich nicht in Richtung der gewünschten Ziele darstellt.

In der Elternarbeit können unter bestimmten Voraussetzungen Möglichkeiten zur Veränderung rigider Alltags- und Erziehungstheorien vor allem durch folgende Punkte gegeben sein:

- die Teilnehmer/innen kommen freiwillig und haben einen (gewissen) Leidensdruck und/oder Veränderungswunsch,
- die Kursleiterin bietet ein positives Modell für ein neues Kommunikations- und Interaktionsverhalten,
- Fallbeispiele aus dem eigenen Erziehungsalltag werden reflektiert, neu bewertet, und in Probehandlungen werden alternative Handlungsoptionen durchgespielt,
- neue Theorien über Erziehung und kindliche Entwicklung erweitern das vorhandene Wissen, werden zu Hause erprobt und im Kurs reflektiert,
- der Erfahrungsaustausch mit anderen Eltern ermöglicht neue Perspektiven und relativiert die eigene Sicht.

Grundsätzlich aber gibt es für erfolgreiche Änderungsprozesse zwei notwendige Voraussetzungen:

- ein Problembewusstsein, d.h. das Wissen (die Ahnung) um ein Problem und die Erkenntnis (Hoffnung), dass es durch eigene Anstrengung und Selbstveränderung behoben werden könnte;
- eine Motivation zur Veränderung, d.h. die Bereitschaft, eigene Alltagstheorien und Verhaltensweisen in Frage zu stellen, zu überprüfen und gegebenenfalls zu korrigieren.

Starre Alltagskonzepte lassen sich grundsätzlich durch neue Erfahrungen, durch Neu- oder Umlernen oder durch Orientierung an Vorbildern verändern. Ob es allerdings zu einer Veränderung oder Flexibilisierung kommt, liegt letztendlich an der Bereitschaft, alte Denkmuster und Alltagstheorien zu überprüfen, Widersprüche in Frage zu stellen und auch verändern zu wollen.

ÜBUNGS- UND WIEDERHOLUNGSFRAGEN

1. Weshalb ist das Menschenbild für den Erziehungsalltag bedeutsam?
2. Welche Einflussfaktoren wirken sich neben dem Menschenbild auf den Erziehungsalltag aus?
3. Was verstehen Sie unter dem Begriff „Alltagskonzept"?
4. Beschreiben Sie kurz die These von Dietmar Görlitz in Bezug auf Alltagskonzepte.
5. Welche Strategien zur Sicherung (oder zur Änderung) von Alltagskonzepten entwickelt der Mensch?
6. Welche fünf unterschiedlichen Möglichkeiten, um mit einem erfahrungswidersprechenden Ereignis umzugehen, nennt Görlitz?
7. Welche drei Formen „psychologischen Alltagswissens" kennen Sie? Beschreiben Sie diese kurz.
8. Warum ist es für Eltern bedeutsam, sich neuen Situationen gegenüber offen zu verhalten?
9. Welche Voraussetzungen müssen gegeben sein, um in der Elternarbeit Veränderungen rigider Alltags- und Erziehungstheorien zu ermöglichen?
10. Welche zwei grundsätzlichen Voraussetzungen sind für erfolgreiche Änderungsprozesse notwendig?

4. BEZIEHUNG UND ERZIEHUNG

Wie gezeigt wurde, wird das Erziehungsverhalten sehr viel weniger als angenommen durch konkrete Methoden bestimmt, die rezeptbuchartig umgesetzt werden können, als vielmehr durch die grundsätzliche Haltung dem Leben, den Mitmenschen und sich selbst gegenüber. Hieraus entwickeln Erwachsene jene Alltagstheorien, die ihr Verhalten bestimmen. Insofern kommt es nicht in erster Linie darauf an, möglichst viele verschiedene Erziehungsmethoden zu kennen und diese zu beherrschen; viel wichtiger scheint es, bei den unterschiedlichen jeweils individuellen Alltagskonzepten anzusetzen, die Eltern mitbringen, wenn sie in Beziehung zu ihren Kindern treten und sich für eine bestimmte Erziehungsmethode entscheiden bzw. ein bestimmtes Erziehungsmittel wählen.

Familienbeziehungen und -erziehung sind vorwiegend im Alltäglichen, Kleinen, Unspektakulären angesiedelt und umfassen alles, was Mütter und Väter mit entsprechenden Auswirkungen auf das Kind tun. Erziehung findet dort statt, wo Erwachsene und Kinder gemeinsam leben, lernen und lehren, spielen, malen, basteln, essen, wo Eltern Hausaufgaben und Vokabeln abhören, Tränen abwischen und trösten, die Kinder anhalten, rechtzeitig zu Bett zu gehen, wo

Kinder schreiben, lesen, rechnen üben, wo diskutiert wird und wo der Fernsehkonsum, die Höhe des Taschengeldes oder die Ausgehzeiten festgelegt oder miteinander ausgehandelt werden – dieses und viel mehr ist Erziehungsalltag. Er wird also wesentlich mitbestimmt von Verhaltensweisen, die entweder von der Erziehungsperson ausgehen oder die als Reaktion auf ein kindliches Verhalten erfolgen. Die Art und Weise der Interaktionen hängt eng mit der Qualität der Bindung zusammen, die Mutter und Kind sowie Vater und Kind miteinander entwickeln.

Von daher soll zunächst auf die Entstehung und Bedeutung der Bindung in den ersten Lebensjahren eingegangen werden. Hierzu werden Ergebnisse der Bindungs- und Hirnforschung herangezogen. Im Anschluss daran wird unter der Fragestellung „Was ist eine ‚gute‘ Erziehung" auf die Erziehungsstilforschung von Klassikern/Klassikerinnen der Pädagogik bis heute eingegangen.

4.1 WAS IST EINE „GUTE" ERZIEHUNG?

Erziehung ist der Versuch einer Einflussnahme mit bestimmten Methoden, durch die wünschenswerte Verhaltensweisen, Fähigkeiten und Eigenschaften unterstützt und gefördert werden sollen. Das *Wie*, also die Art und Weise des Vorgangs der Erziehung, die beobachtbaren und relativ kontinuierlichen Praktiken der Erziehenden werden als Erziehungsstil bezeichnet. Je nach kulturellen, historischen oder gesellschaftlichen Bedingungen, nach theoretischem Bezugsrahmen oder zu Grunde liegendem Menschenbild werden diese Verhaltensweisen als richtig oder falsch bewertet. Die Frage, was eine „gute" Erziehung von einer „schlechten" unterscheidet, ist so alt wie die Frage nach Erziehung überhaupt.

Wenn es darauf auch keine eindeutige Antwort gibt, so kann doch von grundlegenden Prämissen ausgegangen werden, die sowohl bei den Klassikern der Pädagogik als auch in Forschungsergebnissen der neueren Erziehungsstilforschung anschlussfähig sind. Eltern, die in der Erziehung ihrer Kinder ein hohes Maß an Zuneigung, emotionaler Wärme und Achtung zeigen, klare Strukturen und Grenzen vorgeben sowie einen hohen Grad an Mitbestimmung und Partizipation einräumen, geben ihren Kindern das Gefühl von Selbstwirksamkeit. Dadurch ermöglichen sie die Entwicklung von Autonomie und Selbstregulation und geben darüber hinaus ein hohes Anregungspotential. Solche Eltern können eher davon ausgehen, dass sich ihre Kinder zu selbstsicheren, autonomen, lebensfrohen, emotional stabilen, sozial kompetenten und leistungsbereiten Persönlichkeiten entwickeln. Schneewind (1999, 139) umschreibt das, was mit „guter Erziehung" gemeint sein kann: „Kompetente Eltern haben auch kompetente Kinder."

Der Elternkurs zur Unterstützung der Erziehungskompetenz des Deutschen Kinderschutzbundes weist mit seinem Kurstitel „Starke Eltern – Starke Kinder®" (Honkanen-Schoberth 2002) in die gleiche Richtung.

Was also macht die Stärke von Eltern aus, die es Kindern ermöglicht, selbst „stark" zu sein oder zu werden? Welche Merkmale kennzeichnen elterliche Kompetenz, mit Hilfe derer die kindliche Kompetenz wachsen kann?

Und um auch den Gegenpol ins Blickfeld zu nehmen, soll weiter gefragt werden: Wodurch zeichnet sich mangelnde Kompetenz im Erziehungsverhalten aus und welche Folgen lassen sich daraus für die kindliche Entwicklung ableiten?

Welche Antworten können wir aus einem „alten Wissen" über Erziehung, der pädagogischen Tradition, auf diese Fragen erhalten?

4.1.1 HISTORISCHER BLICK AUF ERZIEHUNG UND BEZIEHUNG

Die Ursprünge der Frage nach dem Ideal einer richtigen Erziehung lassen sich bis in die griechische Antike zurückverfolgen. Platon (427-347 v. Chr.) hob bereits die gute Beziehung zwischen Lehrer und Schüler und die emotionale Beteiligung (von Lehrern und Schülern) als Grundbedingung des Lernens hervor. Auch viele Klassikerinnen und Klassiker der Pädagogik, wie z.B. Comenius (1592-1670), Pestalozzi (1870-1953), Montessori (1870-1952), Nohl (1879-1960) oder Korczak (1878-1942) verweisen auf spezifische Dimensionen des Erziehungsverhaltens bzw. auf Grundhaltungen der Erzieher, die sie als entwicklungsfördernd und persönlichkeitsunterstützend für das Kind erkannt haben.

So hält Comenius die Eltern bereits zu Beginn des 17. Jahrhunderts an, den Kindern mehr Wert als „Gold, Silber und Reichtum" beizumessen und ihnen eine hohe Achtung zukommen zu lassen, da sie nach Gottes Ebenbild geschaffen seien. Johann Heinrich Pestalozzi weist auf die besondere Bedeutung der Liebe in der Mutter-Kind-Beziehung hin und warnt vor Fehlformen, die das Kind von der Mutter abhängig machen und ihm keine Autonomie ermöglichen. In seinen philosophischen und pädagogischen Schriften wird die „blinde, vereinnahmende, überfürsorgliche Liebe" einer „denkenden Liebe" gegenübergestellt und diese als unverzichtbarer Bestandteil der Erziehung ausgewiesen. Eine „blinde, unverständige Liebe" enthält bestimmte Gefahren für die Entwicklung des Kindes, die Pestalozzi u.a. in einer überstarken Bindung oder einer Überbehütung sieht. Darum ist es Aufgabe der Mutter, ihre Liebe zu „veredeln", sie sehend zu machen und rechtzeitig zu lernen, das Kind loszulassen. Gleiches gilt für Erziehende allgemein. Soll eine Strafe wirksam sein, muss sie eng mit der Einsicht des Grundes und einem raschen Verzeihen verbunden sein. Pestalozzi schreibt aus Stans, wo er mit vernachlässigten und verwahrlosten Kindern, Opfern des Krieges, zusammenlebte (Pestalozzi 1972, 18/19):

> „Keine meiner Strafen erregte Starrsinn; ach, sie freuten sich, wenn ich ihnen einen Augenblick darauf die Hand bot und sie wieder küsste." Und weiter heißt es: „Ich that aber auch alles, sie in allem, was ihre Aufmerksamkeit rege machen oder ihre Leidenschaften reitzen konnte, deutlich, klar einsehen zu machen, warum ich handle, wie ich handle" (Pestalozzi 1972, 19).

Die Frage, ob und in welchem Maße die emotionale Beziehung nicht nur zwischen Mutter und Kind, sondern zwischen jedem Erzieher und Zu-Erziehendem pädagogische Relevanz hat, ist spätestens seit Hermann Nohls Theorie des pädagogischen Bezugs ein bestimmendes Thema in der Pädagogik geworden, gerade auch unter Gesichtspunkten, die das Lehrer-Schüler-Verhältnis betreffen. Im Kontext der Reformpädagogik, Anfang des 20. Jahrhunderts, rückte Hermann Nohl den pädagogischen Bezug in den Mittelpunkt seiner Pädagogik; er versteht darunter „... das leidenschaftliche Verhältnis eines reifen Menschen zu einem werdenden Menschen und zwar um seiner selbst willen, daß er zu seinem Leben und zu seiner Form komme" (Nohl 1935, 169).

Ausgehend von dieser These wurde bis in die 1960er Jahre auf den besonderen Wert eines positiven emotionalen Interaktionsverhältnisses zwischen Lehrern/Lehrerinnen und Schülern/Schülerinnen verwiesen. Der pädagogische Bezug (oder die „pädagogische Beziehung") wird als eine zentrale Grundbedingung des Erziehungsprozesses ausgewiesen.

Auch die Überlegungen der italienischen Pädagogin Maria Montessori (1996, 7 ff.) zur Bedeutung von Ordnung und Struktur und eines spezifischen Umfeldes, der so genannten vorbereiteten Umgebung, für die kindliche Selbstbildung und Autonomieentwicklung sowie die Beobachtungen und Tagebuchaufzeichnungen des polnischen Pädagogen und Arztes Janusz Korczak zu einem achtenden Umgang zwischen Erwachsenen und Kindern setzen sich mit Fragen auseinander, die die Qualität der Beziehungsgestaltung in den Mittelpunkt von Erziehung stellen.

Janusz Korczak setzte sich bereits 1911 explizit für die Achtung der Würde des Kindes als Subjekt ein und prangerte in seiner Schrift „Das Recht des Kindes auf Achtung" im Kapitel „Missachtung – Misstrauen" die Geringschätzung kindlicher Individualität, die Ignoranz gegenüber ihrer Eigenwelt und die Bevormundung und Kontrolle der Kinder durch die Erwachsenen an (vgl. Korczak 1999, 383 ff.).

Trotz unterschiedlicher theoretischer Positionen und Schwerpunktsetzungen können erstaunlich viele Übereinstimmungen dazu gefunden werden, was als entwicklungsfördernde Erziehung bzw. als günstiges Verhalten seitens der Eltern und Erzieher angesehen wird.

Im Rahmen eines Forschungsprojekts (Tschöpe-Scheffler, Niermann 2002) wurde eine Sichtung und Zusammenstellung aus historischen Texten und der empirischen Erziehungsstilforschung über Erziehung vorgenommen und verglichen, inwieweit darin Aussagen zu entwicklungsfördernden und entwicklungshemmenden Aspekten in der Erziehung enthalten sind. Die einzelnen Strukturmomente wurden unter dem Titel „Fünf Säulen der Erziehung" (Tschöpe-Scheffler 2003b) zusammengestellt und sollen im Folgenden kurz dargestellt werden.

4.1.2 Das Modell der „Fünf Säulen der Erziehung"

Eltern, die ihrem Kind *entwicklungsfördernde Unterstützung* geben, fühlen sich zuständig und bejahen das Kind sowie die Aufgaben, die mit *Erziehung und Beziehung* verbunden sind. Sie sind bereit, ihren Lebensentwurf mit dem des Kindes zu verbinden und Veränderungen in ihrem eigenen Leben zu akzeptieren, ja diese sogar als individuelle Entwicklungschancen zu verstehen. Ist die Grundbasis der Beziehung zwischen dem Kind und dem Erwachsenen hingegen rigide, durch Desinteresse geprägt oder gar feindselig, und tritt anstelle einer Zustimmung zum Kind eher Ablehnung oder eine ambivalente Haltung, dann wird kaum eine sichere Bindung zwischen Mutter und Kind bzw. Vater und Kind entstehen. Eine solche Bindung ist aber für die Persönlichkeitsentwicklung von grundlegender Bedeutung.

Entwicklungshemmendes Verhalten zeigt sich insbesondere in einem Zuviel oder einem Zuwenig von emotionaler Wärme, Förderung, Schutz, Sicherheit, Struktur und Distanz. Dies stellt eine Missachtung und seelische Verletzung dar und wird vom Gesetzgeber im § 1631, II BGB mit unzulässiger Gewalt in der Erziehung gleichgesetzt.

Die „Fünf Säulen" stellen ein idealtypisches Modell dar, das als Orientierung und diagnostisches Instrumentarium gedacht ist, um Missachtung, Demütigung und seelische Verletzung zu erkennen (vgl. Tschöpe-Scheffler 2003a, 2003b). Siehe Tabelle auf S. 45.

Auf dieser Reflexionsfolie ist es möglich, entwicklungsförderndes Verhalten als solches zu erkennen, zu „maximieren" und entwicklungshemmendes zu „reduzieren".

Elternbildungsangebote können sowohl Selbstreflexions- und Selbsterfahrungsprozesse der Eltern anregen als auch bei der Suche nach erweiterten Handlungspotentialen einen wesentlichen Beitrag leisten.

Eine andere Form der Zuordnung stellt das Modell des „magischen Zieldreiecks der Erziehung" (Hurrelmann 2002) dar, geht aber in eine ähnliche Richtung wie das Fünf-Säulen-Modell. Es werden drei pragmatische Pole postuliert, die mit konkreten Erziehungspraktiken zu erreichen sind: *Anerkennung, Anregung und Anleitung*.

Bei dem Pol *Anerkennung* geht es um emotionale Zuwendung und Akzeptanz, beim Pol *Anregung* „ ... kommt es darauf an, Kindern

Die Fünf Säulen der Erziehung (Tschöpe-Scheffler 2003b)

Entwicklungsfördernde Aspekte Erziehung als dialogische Struktur des Miteinander-Umgehens. Der Erziehungsstil ist demokratisch, sozial-integrativ: Kind wird als Subjekt wahrgenommen, Elternrolle wird bejaht	Entwicklungshemmende Aspekte Erziehung entspricht entweder dem autoritären oder dem permissiven Erziehungsstil Kind wird vorwiegend als Objekt der Erziehung wahrgenommen, Elternrolle kann ablehnend-feindlich, ambivalent und/oder dominant sein
⇩	⇩
Entwicklungfördernde Aspekte	Entwicklungshemmende Aspekte
Emotionale Wärme	Emotionale Kälte/emotionale Überhitzung
• protection • Zuwendung • Anteilnahme • Trost • Lächeln • Wohlwollende Atmosphäre • Körperkontakt ermöglichen • liebevoll, freundlich zugewandt • Für- und Mitsorge • Wahrnehmende Liebe	• Ablehnung • Distanz • Desinteresse • Vermeidung von Körperkontakt • Ignoranz • unfreundlich abgewandt • zurückweisende Haltung • Überbehütung • Einengung, Enge • Abhängigkeit • Körperkontakt fordern • kontrollierend zugewandt • „fürsorgliche Belagerung" • besitzergreifende Liebe
Achtung	Missachtung
• Anerkennung • Wertschätzung • positive Rückmeldung • Lob • Hilfe zur Selbsthilfe • Selbstbestimmung • Respekt .	• Geringschätzung • Abwertung • Nörgeln, negative Rück-meldungen • Tadel, destruktive Strafe • Desinteresse, Ignoranz • Demütigung

• Bedürfnissse wahrnehmen • Erklärungen abgeben • Zugewandte Haltung • Wohlwollen • Zeit mit dem Kind	• Bedürfnisse vernachlässigen • Beschimpfung, Beleidigung • unfreundlich abgewandte, zurück-weisende Haltung • Diskriminierung • Abwertung, Ablehnung • Vernachlässigung
Kooperation	**Dirigismus**
• minimale Lenkung • Übergabe von Verantwortung • Loslassendes Begleiten • Freiraum • Selbst-Mitbestimmung • Teilhabe • Förderung von Autonomie • Förderung von Selbstständigkeit • unterstützend • Ermutigung • Akzeptanz von Fehlern • Gemeinsame Planungen und Unternehmungen	• maximale Lenkung • Einschränkung von Verantwortung • Verbote • Einschränkung von Freiraum • Fremdbestimmung • Befehl, Vorgabe, Anordnung • Einschränkung von Autonomie • fordernd • Drohung • vom Erwachsenen geplante Unternehmungen
Verbindlichkeit	**Beliebigkeit**
• Konsequenz • Struktur • Grenzen setzen • Rituale und Regeln • Klarheit • Verlässlichkeit • Kontinuität • Struktur, Organisation	• Inkonsequenz • Chaos • Grenzenlosigkeit • kaum Verbindlichkeiten • Unklarheit • Unberechenbarkeit • Diskontinuität • Desorganisation, Chaos • überfordertes Nichtstun • Aufgeben
Allseitige Förderung	**Mangelnde Förderung/einseitige (Über-)Förderung**
• Bereitstellung einer anregungsreichen Umgebung • Ermöglichung von Kulturaneignung	• Übermäßiges Leistungsstreben • anregungsarme Umgebung • Reduktion von Welt

• Sinnliche Erfahrungen zulassend • Unterstützung des Neugierverhaltens • Bereitstellen von Welt- ud Zukunftsorientierung und Lebenszusammenhängen • Beantwortung von Fragen • Bereitstellung von Wissen in den Bereichen Natur, Wissenschaft, Technik, Religion etc.	• Lernen arrangierend • Lernen und Erfahrungen verhindernd • Neugierverhalten dämpfend • Verweigerung von Antworten • Ehrgeiziger Drill

Quelle: Tschöpe-Scheffler, 2003b

positive Rückmeldungen zu ihrem erreichten Entwicklungsstand im sozialen und Leistungsbereich zu geben, zugleich aber auch Impulse für die Weiterentwicklung und Verbesserung des Entwicklungsstandes zu vermitteln" (Hurrelmann 2002, 64).

Der Pol *Anleitung* hat mit klaren Vereinbarungen, Umgangsformen und Regelsetzungen zu tun. Die Umsetzung einer entwicklungsfördernden Erziehung, wie sie in den „Fünf Säulen" und im „magischen Zieldreieck" beschrieben ist, zeigt sich in einem *demokratischen Erziehungsstil* (auch sozial-integrativ, partizipativ oder autoritativ genannt, vgl. Kapitel 3) und bietet allgemeingültige Voraussetzungen und wichtige Ressourcen für die Entwicklung einer starken, leistungsfähigen und verantwortungsbewussten Persönlichkeit. Mit Hilfe einer solchen Erziehung ist das Kind in der Lage, Selbstwertgefühl und Selbstregulation aufzubauen.

Demgegenüber verhindert eine entwicklungshemmende Erziehung, die entweder durch ein Übermaß oder einen Mangel an Kontrolle, Dirigismus oder Fürsorge gekennzeichnet ist, die wichtige Selbstregulierungskraft des Kindes, die es benötigt, um intrinsisch, aus eigenem Antrieb, „stark" und lebenskompetent zu sein; der entsprechende Erziehungsstil kann in diesem Fall autoritär, permissiv oder einer des Laisser-faire sein.

4.1.3 EMPIRISCHE ERZIEHUNGSSTILFORSCHUNG

Besondere Bedeutung erlangten in der empirischen Erziehungsstilforschung die Experimente Kurt Lewins (1890-1947), einem Mitbegründer der experimentellen Sozialpsychologie.

Seine entwicklungs- und erziehungspsychologischen Untersuchungen, darunter die bekannten Untersuchungen über die Auswirkungen verschiedener Führungsstile auf Gruppen, stellen ebenso wie die auf der humanistischen Theorie von Carl Rogers basierenden Erziehungsstilforschungen von Reinhard und Annemarie Tausch in den 1960er Jahren eine Grundlage für weiterführende Fragestellungen und nachfolgende Forschungen dar. Erste Studien zu den Auswirkungen eines bestimmten Erziehungsverhaltens auf das Leistungsniveau von Kindern in einer Gruppe wurden in den USA in den 30er Jahren von Kurt Lewin und seinen Mitarbeitern (Lewin, Lippitt, White 1939) vorgenommen. Die Forschergruppe arbeitete über mehrere Monate mit zehnjährigen Jungen und untersuchte, welche Auswirkungen unterschiedliche Führungsstile auf die Produktivität und Kreativität der Arbeitsergebnisse sowie auf das emotionale Klima der Gruppe hatten. Es wurden drei Typen unterschieden:

a) Der autoritäre Erziehungstyp zeigt ein hohes Maß an Kontrolle und Führung sowie emotionale Kälte. Nicht erwünschtes Verhalten wird bestraft.

b) Der demokratische Erziehungstyp zeigt partnerschaftliches und verständnisvolles Verhalten sowie eine hohe Kooperationsbereitschaft. Er beteiligt die Kinder an Entscheidungs- und Gestaltungsprozessen.

c) Der Laisser-faire-Erziehungstyp verhält sich passiv, emotional gleichgültig und reagiert nur auf Nachfrage der Gruppenteilnehmer; Lenkung und Kontrolle fehlen völlig.

Im Rahmen eines Experiments wurden die Gruppenleiter aufgefordert, sich entweder autoritär, demokratisch oder im Stil des Laisser-faire zu verhalten. Es zeigten sich folgende Reaktionen im Hinblick auf die Arbeitsergebnisse und das soziale Klima:

• Die Kinder der *autoritär* geführten Gruppe zeigten sich unterwürfig und diszipliniert, die Interaktionen zwischen den Gruppenmitgliedern waren von wenig Gemeinsamkeit und von emotionaler Kälte geprägt. Es gab keine kreativen Arbeitsergebnisse, allerdings eine hohe Produktivität.

- Die Jungen der *demokratisch* geführten Gruppe waren am zufriedensten und entwickelten eine hohe Kreativität bei der Aufgabenlösung, allerdings war ihre Produktivität im Vergleich zu den Teilnehmern der autoritär geführten Gruppe geringer und zeigte eine verminderte Qualität. Das Engagement war hoch, es bildeten sich Kleingruppen, das emotionale Klima war entspannt, freundlich und durch Gleichberechtigung gekennzeichnet.

- Die höchste Unzufriedenheit, chaotische Arbeitsabläufe und geringste Produktivität gab es in der vom *Laisser-faire* geführten Versuchsgruppe.

Nachfolgende Forschungsergebnisse zur Typisierung von Erziehungs- und Führungsstilen stimmen inhaltlich weitgehend mit denen von Kurt Lewin und seinen Mitarbeitern überein. Untersuchungen zu den Erziehungsstilen lassen sich nach dem aktuellen Forschungsstand wesentlich auf zwei Grundstrukturen zurückführen: auf das Ausmaß des Lenkungs- und Kontrollverhaltens und das Ausmaß emotionaler Wärme bzw. emotionaler Kälte. Eine Vielzahl weiterer Forschungen und Veröffentlichungen, die zu ähnlichen Ergebnissen kommen, liegt vor (z.B. Lukesch 1975, Tausch,Tausch 1963, Baumrind 1971, Lukesch, Perrez, Schneewind 1980, Schneewind 1994 et al.); gleichwohl differieren die Bezeichnungen für die einzelnen Erziehungsstile: so wird der autoritäre Stil als dominant, der demokratische als sozial-integrativ (Tausch, Tausch 1963) oder als autoritativ (Baumrind 1991) und der Laisser-faire-Stil als permissiv (Baumrind 1991) bezeichnet.

In Anlehnung an die personenzentrierte Psychologie nach Rogers und in Weiterführung der Forschungen Lewins geht das Ehepaar Tausch davon aus, dass ein Kind, dem unbedingte Wertschätzung und einfühlendes Verstehen von authentischen Erziehungspersonen entgegengebracht wird, sich zu einer starken Persönlichkeit entwickeln kann. Das Anliegen des Forscherpaars war es, u.a. die Auswirkungen eines Unterrichts darzustellen, der an der Person des Kindes ebenso orientiert ist wie an dem Lehrplan. Sie leiteten Lehrerinnen und Lehrer an, durch bewusste emotionale Zuwendung und durch Echtheit im Verhalten eine Grundlage für erwünschte schulische Erziehungsprozesse zu schaffen. Begriffe wie Selbstwertschätzung, emotionale Reife, Selbstakzeptanz und Freiheit werden von Tausch & Tausch als Erziehungsziele genannt, die es mit Hilfe des *sozial-integrativen* Erziehungsstils zu erreichen gilt. Dazu müssen die Erwachsenen den Kindern und Jugendlichen Wertschätzung, Echtheit, Ermutigung, Gewährung von Selbstbestimmung und Förderung von Selbstachtung in hinreichendem Ausmaß ermöglichen (Tausch, Tausch 1973). Neben diesen Untersuchungen fand die von Baumrind (1991) entwickelte Systematik von Erziehungsstilen die größte Beachtung. So schlägt Baumrind für den demokratischen Erziehungsstil die Bezeichnung „autoritativ" vor, da dieser sich durch eine hohe Kompetenz der Eltern oder Erzieher auszeichnet und sowohl durch Persönlichkeitsautorität als auch durch emotionale Wärme geprägt ist. Regeln und Forderungen sind der jeweiligen kindlichen Entwicklungsphase angemessen und werden begründet und erklärt. Der Begriff „autoritativ" hat sich allerdings wenig durchsetzen können, da durch seine Nähe zu dem Begriff „autoritär" Missverständnisse entstehen können.

Baumrind beschreibt neben dem autoritativen aber auch den autoritären und permissiven Erziehungsstil. Der autoritäre Stil ist durch Starrheit, Machtausübung, Strafe und Kontrolle gekennzeichnet, und so erzogene Kinder zeigen wenig Selbstvertrauen und Verantwortungsbereitschaft. Besonders Jungen, die autoritär erzogen werden, zeigen nach Baumrind (1991) besonders wenig soziale Verantwortung: So stehen 18 % kompetenten (im Sinne der Verantwortungsübernahme) Jungen immerhin 42 % kompetente Mädchen gegenüber.

Der permissive (nachgiebige) Stil zeichnet sich durch geringe Anforderungen sowie fehlende Kontrolle und mangelnde Einhaltung von Regeln aus. Er kann in seiner Extremform bis zur Vernachlässigung führen. Kinder, die diesem Erziehungsstil ausgesetzt sind, zeigen Verhaltensprobleme und haben soziale Anpassungsschwierigkeiten.

BEHAVIORISTISCH ORIENTIERTE KONZEPTE

Eine weitere Möglichkeit, Erziehungsverhalten zu differenzieren, wird von verhaltenstheoretisch ausgerichteten Autoren vorgenommen. Sie halten die Bekräftigung des erwünschten Verhaltens bei gleichzeitiger Nichtbeachtung des Fehlverhaltens für den effektivsten Weg, um eine gewünschte Verhaltensänderung zu bewirken. Das Marburger Erziehungsstilkonzept von Herrmann, Stapf und Stäcker (1972) stützt sich auf die behavioristisch orientierte Lernpsychologie und enthält sowohl Aussagen über elterliches Bekräftigungsverhalten als auch über dessen Auswirkungen auf das kindliche Verhalten. In dem „Marburger Zweikomponenten-Konzept" wird zwischen kindlichem Vermeidungsverhalten und kindlichem Zuwendungsverhalten unterschieden, die beide als Folge des elterlichen Verhaltensrepertoires zu sehen sind. So zeigen Kinder, die häufig Unterstützung und positive Bekräftigung erhalten, ein eher unbefangenes und neugieriges Lernverhalten und halten die sozialen Spielregeln ein. Sie werden als „gebotsorientiert" bezeichnet. Demgegenüber verhalten sich Kinder, die häufig bestraft werden, eher zurückhaltend und ängstlich; sie zeigen häufiger Vermeidungsverhalten und werden als „verbotsorientiert" bezeichnet (Stapf, Hermann, Stapf, Stäcker 1972).

Bei der Interpretation der Untersuchungsergebnisse wurde allerdings nicht das tatsächliche Elternverhalten, sondern dessen Wahrnehmung durch die Kinder erfasst.

NEUE FORSCHUNGSSCHWERPUNKTE

Nach dem Forschungsstand ist es nur dann sinnvoll, von Erziehungsstilen zu sprechen, wenn davon ausgegangen werden kann, dass es sich hierbei um konsistente Verhaltensweisen und Haltungen der Erziehungspersonen handelt, die im Erziehungsalltag eingesetzt werden. Nun ist das Kind aber nicht nur Objekt (oder Opfer) von Erziehungsbemühungen, sondern spätestens vom ersten Lebenstag an ein aktiv (mit-)gestaltendes Subjekt. Es ist an vielfältigen Interaktionen mit seiner Umwelt nicht nur beteiligt, sondern weiß diese auch zu steuern und zu beeinflussen. Dies hat Auswirkungen auf das Erziehungsverhalten der Eltern und die familiäre Atmosphäre. „Das durch Forschung erweiterte Verstehen kindlicher Entwicklungsprozesse entzieht jeder Vorstellung vom Kind als einem passiven Objekt von Pädagogik die Grundlage" (Laewen/Andres 2002). Somit stellen sich für die Perspektiverweiterung der Erziehungsstilforschung neue Fragen, die nicht nur die Einwirkungen der Eltern und deren Erziehungsstile mit entsprechenden Auswirkungen auf die Kinder

in den Mittelpunkt stellen. Weitere Faktoren des komplexen Erzie-
hungsgeschehens, wie etwa das Temperament des Kindes, seine
genetische Ausstattung und insbesondere seine Mitbeteiligung und
sein Vermögen, den Interaktionsprozess zu steuern, stellen neue
Forschungsaufgaben dar. Aus Sicht der Genetik wird z.B. der Einfluss genetischer Dispositionen, etwa von Rowe (1997), für derart
entscheidend gehalten, dass er die Wirkung erzieherischer Einflüsse
grundsätzlich in Frage stellt. Rowe argumentiert, dass dem Entwick-
lungsgang von Kindern weniger der Einfluss von Familienstrukturen
als deren genetische Veranlagung zugrunde liegt. Einen viel größeren
Einfluss als Erziehungsstil, elterliche Akzeptanz und häusliches Milieu
auf die Entwicklung von Persönlichkeit, Intelligenz und psychopatholo-
gische Störungen haben entsprechend dieser verhaltensgenetischen
Studie die ererbten Dispositionen, die für jedes Kind einmalig sind.
Diese Position belebt die alte Anlage-Umwelt-Debatte aufs Neue.

Unabhängig von diesem Diskurs zeigt sich darin allerdings eine
grundsätzliche Übereinstimmung vieler neuerer Forschungsdaten aus
Psychologie und Pädagogik. Im Erziehungsgeschehen wird gerade
nicht eine einzige Einflussgröße als bestimmend für den Entwicklungsverlauf angesehen, sondern *wechselseitige Beeinflussungen*
vielfältiger Variablen, die bisher in ihrer Wirkungsweise noch gar nicht
alle bekannt sind, haben Auswirkungen.

Trotz dieser Übereinstimmung hinsichtlich *mehrdimensionaler
Wechselwirkungsfaktoren* im Erziehungsgeschehen unterscheiden
sich die Studien in der Fokussierung bestimmter Fragestellungen:
Variablen wie die Qualität der Partnerbeziehung, geschlechtsspezifische Unterschiede im Vater- und/oder Mutterverhalten und in
deren je spezifischen Beziehungen zu Söhnen oder Töchtern, sozialraumorientierte Bedingungen oder Auswirkungen kindlicher und/oder
elterlicher Persönlichkeitsmerkmale stehen je nach Forscherinteresse
als Kategorien der Operationalisierung im Mittelpunkt forschungs-
methodischer Zugänge. Belsky (1984) hat in einem Prozessmodell
elterlichen Erziehungsverhaltens neben den bisher erwähnten Variablen
auch die Entwicklungsgeschichte der Eltern, ihre sozioökonomische
und berufliche Situation und das soziale Netzwerk der Familie als
Wirkfaktoren mit einbezogen.

Im Rahmen dieser Suche nach weiteren Variablen spielt die Frage nach dem *Einfluss des Eigenanteils* des Kindes an seiner Entwicklung eine herausragende Rolle. Welchen Anteil hat das Kind als aktives Subjekt mit seinem Selbstentfaltungswillen und welche Bedeutung seine Erziehungsfähigkeit und -willigkeit? Im Forschungsmittelpunkt stehen demnach insbesondere Fragen nach der Art der Beziehungen zwischen einem aktiven Erzieher und einem ebenso aktiv gestaltenden, initiativen und handelnden Kind und deren Interaktionen und wechselseitige Beeinflussungen. In diesem Kontext untersucht die Giessener Risikokinderstudie (Pauli-Pott, Bäcker, Neuhäuser, Beckmann 2000) empirisch die wechselseitig sich bedingenden und beeinflussenden Interaktionen zwischen der Entwicklung familiärer Beziehungen und der Entwicklung des Kindes. In einer Längsschnittstudie wird dargestellt, wie negative Interaktionsmuster zwischen Eltern und Kind darauf beruhen, dass die Eltern die Beziehungsgestaltung zu ihren Kindern als schwierig erleben. Bei Risikokindern (Kinder mit Schwangerschafts- und Geburtskomplikationen oder Belastungen durch Frühgeburt) zeigt sich ein *reziproker Prozess sowohl im Hinblick auf die Entwicklung einer positiven sowie einer belastenden Eltern-Kind-Beziehung*. Es werden charakteristische Muster der Eltern-Kind-Beziehung unterschieden und in drei Gruppen klassifiziert:

a) die fürsorglich-unbekümmerte Eltern-Kind-Beziehung, die auch als individuiert bezeichnet wird,

b) die ablehnend-kontrollierende (autoritäre) Eltern-Kind-Beziehung und

c) die überengagiert-unsichere (depressive) Eltern-Kind-Beziehung.

Es konnte gezeigt werden, dass die ablehnend-kontrollierende Haltung und die überengagiert-unsichere Beziehung durch nicht erfüllte Erwartungen an das Kind verstärkt wurden und im Laufe der Zeit immer weniger entwicklungsfördernde Aspekte enthielten.

„Elterliche Unzufriedenheit, Verunsicherung oder auch Hilflosigkeit als Reaktion auf ein zunehmend ‚problematisches' Kind führten (...) wahrscheinlich entweder zur Zurückweisung des Kindes oder zu einer unter Umständen durch Schuld- oder Versagensgefühle motivierten übermäßigen Behütung des Kindes. Das Kind machte hier dann im Laufe der Zeit immer wieder die Erfahrung, nicht akzeptiert und abgelehnt zu werden oder aber übermäßiger Unterstützung zu bedürfen und demnach die elterlichen Erwartungen nicht zu erfüllen. Bestehende Verhaltensprobleme, wie beispielsweise eine leichte Irritierbarkeit und Konzentrationsschwäche, verstärken sich hierdurch und provozieren dann wieder erneut unsicher-überengagiertes oder ablehnend-kontrollierendes elterliches Verhalten" (Pauli-Pott, Bäcker, Neuhäuser, Beckmann 2000, 296). Um die Fortsetzung dieser wechselseitigen Verstärkung zu unterbinden, schlagen die Autoren Maßnahmen der Frühförderung in Form von Beratung und Unterstützung vor, die helfen sollen, das unangemessene Verhalten der Eltern zu minimieren. Das Modell einer einseitigen Einwirkung der Eltern auf ihre Kinder, so wie es noch in der klassischen Erziehungsstilforschung als Prämisse galt, hat sich demnach als ungenügend herausgestellt.

4.2 FAMILIENPÄDAGOGISCHE KONSEQUENZEN

Ein relevanter Einfluss der Eltern auf ihre Kinder kann als durchgängiger Forschungsstand konstatiert werden, allerdings stellt er nicht die einzige Einflussvariable für die Persönlichkeitsentwicklung des Kindes dar. So sind etwa der elterliche Erziehungsstil oder die genetischen Voraussetzungen des Kindes ein Wirkfaktor unter vielen. Auch handelt es sich nicht um einen einseitigen Wirkmechanismus, sondern Kinder haben auf das Erziehungsverhalten ihrer Eltern erheblichen Einfluss. Möglicherweise benötigen Eltern gar die Unterstützung ihrer Kinder, um sie angemessen erziehen zu können. Der Zusammenhang und das Wechselspiel verschiedener Faktoren oder Faktorenbündel, die sowohl auf die Kompetenz der Kinder als auch der Eltern Einfluss haben und die entweder den Erziehungsstil beeinflussen oder unabhängig davon wirksam werden, werden in der neueren Erziehungsstilforschung auch in ihrer Vernetztheit methodisch berücksichtigt. Erziehung muss als ein komplexes Konstrukt verstanden werden, in dem unterschiedliche Wirkfaktoren in Erscheinung treten, sich miteinander verknüpfen und sich wechselseitig ergänzen. Eine Begebenheit kann durch eine andere in ihrer Wirkung entweder entkräftet oder ausgeglichen werden.

Diese Erkenntnis wirkt einerseits entlastend, wenn damit zu rechnen ist, dass sich Kinder trotz einer Summe entwicklungshemmender

Faktoren, die u.a. in der fehlenden Erziehungskompetenz der Eltern begründet ist, „stark" entwickeln. Andere Einflusskräfte, auch außerhalb des Familiensystems, können als Schutzfaktoren vorhanden sein und genutzt werden.

Der Förderung elterlicher Erziehungskompetenz muss aber dennoch besondere Aufmerksamkeit zukommen, da Eltern, die entwicklungsfördernd erziehen, u.a. eher in der Lage sind, die Perspektive des Kindes einzunehmen, ihnen Achtung, Liebe, Struktur und Orientierung zuteil werden zu lassen und ihre Kinder zu beteiligen. Damit unterstützen sie nicht zuletzt deren Selbstwirksamkeitsentwicklung. Insbesondere die Frühförderung kann bereits vorgeburtlich und in den ersten Lebensjahren des Kindes sowohl Alltagskonzepte von Erziehung entwickeln helfen, die entwicklungsfördernd sind, als auch eine sichere Mutter-Kind-Beziehung/Vater-Kind-Beziehung unterstützen.

Beratung und Unterstützung können helfen, das unangemessene Verhalten der Eltern zu minimieren. Eine ähnliche Funktion haben auch Soziale Frühwarnsysteme, Elternseminare, Beratung, Begleitung, Elterngesprächsgruppen etc., in denen Eltern die Möglichkeit haben, ihr Alltagswissen von Erziehung zu ergänzen und zu erweitern.

Von daher ist die Selbstreflexion (und Selbsterziehung) der Erwachsenen ein grundlegender Bestandteil jedes Erziehungs- und Unterstützungsprozesses, zumal Erziehung entscheidend dadurch beeinflusst wird, wie Erwachsene ihr eigenes Leben gestalten, welche Werte ihnen wichtig sind, was sie hoffen und wovon sie überzeugt sind. Kinder fordern ihre Erzieherinnen und Erzieher, Väter und Mütter heraus, sich mit ihren eigenen Entwicklungsaufgaben und Lebensthemen zu befassen. Wenn in der „Erziehung eine dialogische Struktur des Miteinander-Umgehens" (Gerspach 2000, 74) enthalten ist, würde dies zum einen verhindern, dass Kinder zu „Objekten der Erziehung" werden, und zum anderen könnte es aus der Rollenrigidität herausführen: Väter und Mütter, die sich als Personen mit ihren Stärken und Schwächen in die Beziehung zu Kindern einbringen, können Erziehung als gemeinsamen Wachstumsprozess erleben.

Insofern muss sich eine Thematik, die sich mit Fragen der Erziehung befasst, notwendigerweise auch damit auseinandersetzen, wie Eltern ihr Personsein verstehen. Konkrete Entwicklungsprozesse bei Kindern und Jugendlichen rühren immer auch die Lebensbereiche derjenigen an, die sie erziehen. Die implizite Annahme darüber, wohin das Kind „geführt" werden soll, entspringt der eigenen Lebensperspektive. Es wird deutlich, wie wichtig die selbstreflexive Auseinandersetzung mit eigenen Vorstellungen und Lebensthemen ist, wenn es zu verhindern gilt, Kinder zu Objekten individueller unbewältigter Konfliktthemen zu machen: Haben Erwachsene z.B. Probleme mit ihrer eigenen Autonomie oder Abgrenzung, werden sie die wichtigen Ablösungsversuche ihrer Kinder zu unterdrücken wissen und ihr Verhalten entsprechend legitimieren. Hat eine Mutter z.B. Angst vor Nähe und Bindung oder diese selbst ambivalent erlebt, wird es ihr kaum gelingen, ihren Kindern klare und sichere Bindungsangebote zu machen. Ist ein Vater selbst unstrukturiert und unsicher, wird es ihm schwerfallen, im Zusammenleben mit dem Kind authentisch Grenzen zu setzen. Eigene Bewältigungsaufgaben können vor dem Hintergrund persönlich erlebter Sozialisationserfahrungen selbstkritisch aufgespürt und verstanden werden. Dazu bedarf es nicht nur der Offenheit, sondern auch des Austauschs mit anderen und gegebenenfalls der professionellen Unterstützung. Erwachsene und Kinder stehen gleichermaßen vor der Aufgabe, *ihre* Balance in *ihrer* jeweiligen Lebens- und Entwicklungssituation finden zu müssen. Beide können miteinander und voneinander lernen. Die Erkenntnis, dass es im Umgang mit Kindern eine Chance sein kann, miteinander zu wachsen und sich gemeinsam zu entwickeln, lässt eine neue Sicht auf Erziehung und Beziehung zwischen Erwachsenen und Kindern zu. Pädagogische oder sozialräumliche Arrangements, wie Eltern-Kind-Gruppen, Elterngesprächskreise und Stadtteilarbeit bieten ebenso wie Familienzentren hierzu gute Gelegenheiten.

ÜBUNGS- UND WIEDERHOLUNGSFRAGEN

1. Was ist Erziehung?
2. Nennen Sie die Fünf Säulen der Erziehung nach entwick-lungsfördernden und entwicklungshemmenden Aspekten.
3. Was verstehen Sie unter dem „Zieldreieck der Erziehung"?
4. Welcher Erziehungsstil liegt dem Fünf-Säulen-Modell zugrun-de?
5. Welche drei Erziehungstypen unterscheidet K. Lewin?
6. Wie wirken sich diese auf Arbeitsergebnisse und Klima von Gruppen aus?
7. Wie differenzieren verhaltenstheoretische bzw. behavioris-tisch ausgerichtete Konzepte Erziehungsverhalten?
8. Was versteht die Erziehungsstilforschung unter „mehrdimen-sionalen Wechselwirkungsfaktoren"?
9. Welche empirischen Ergebnisse zum Erziehungsverhalten sind der Giessener Risikokinderstudie zu entnehmen?
10. Warum ist Selbstreflexion der Erwachsenen ein grundsätz-licher Bestandteil des Erziehungs- und Unterstützungs-prozesses von Eltern?

5

5. KOMPETENZFÖRDERNDES VERHALTEN IM ERZIEHUNGSALLTAG

Als Erziehungskompetenzen wurden bisher sowohl sicheres Bindungsverhalten, angemessenes Interaktions- und Kommunikationsverhalten
und ein Erziehungsstil verstanden, der dem Kind achtungsvoll mit Liebe
begegnet, mit ihm kooperiert, ihm eine Struktur ermöglicht und seine
Rechte wahrt. Positive Selbstwerterfahrungen und Kontrollüberzeugungen der Eltern stellen weitere Elemente der Erziehungskompetenz
dar und wirken sich auf die Selbstwerterfahrungen von Kindern positiv
aus. Dieser Zusammenhang soll in den nächsten beiden Kapiteln
beschrieben werden.

5.1 KOMPETENZFÖRDERNDE ELTERN
UND KOMPETENTE KINDER

In kompetenzfördernden Familien verfügen Eltern über eine gute Überzeugung ihrer Selbstwirksamkeit. Der Selbstwert aller Familienmitglieder ist von daher hoch und die Kommunikation offen und direkt. Es gibt Regeln, die allen bekannt sind; diese sind flexibel und entsprechen den gegenwärtigen Bedürfnissen und Situationen. Der Kontakt nach außen ist durchlässig und von einer positiven Grundhaltung bestimmt.

Durch Dauerbelastungen, krisenhafte Ereignisse und spezielle Lebenssituationen kann sich die Selbstwerteinschätzung verändern. Besonders dann, wenn sich die Möglichkeiten verringert haben, das Leben mitzugestalten. Wichtig ist hierbei auch, ob der Spielraum für alternative Gestaltungsmöglichkeiten erkannt und genutzt werden kann. Ein Mensch, der Erfahrungen mit seinen Fähigkeiten in vielfältiger Hinsicht gemacht hat, wird eher nach Einwirkungs- und Veränderungsmöglichkeiten oder Unterstützung suchen als jemand, der auf wenige dieser Ressourcen zurückgreifen kann. „Menschliches Handeln wird vor allem von Überzeugungen gesteuert, indem man sich eine Vorstellung davon bildet, auf welche Weise bedeutsame Situationen verändert werden und in welchem Maße man sich selbst dazu in der Lage sieht, solche Veränderungen persönlich bewirken zu können" (Schwarzer 1995, 25). Antonovsky (1989) beschreibt in seinem Modell der Salutogenese die Selbstwirksamkeit als das Grundgefühl, seine Lebenssituation zu verstehen, sie bewältigen zu können und das eigene Tun als sinnvoll zu erleben. Dies nennt er „Kohärenzgefühl" (Antonovsky 1989). Im Gegensatz dazu erleben Menschen, die sich als Opfer der Verhältnisse fühlen, ihr Leben als willkürlich. Die Schwierigkeiten lähmen, das eigene Tun wird als sinnlos erlebt, und sie haben wenig motivationale Kraft, belastende Situationen zu ändern.

Wenn Schwierigkeiten und Konflikte auftreten, zeigt es sich, inwieweit das Vertrauen in die eigenen Fähigkeiten aufrechterhalten werden kann. Die Selbstwirksamkeitserwartung beeinflusst das Verhalten und die jeweilige Zielsetzung. Wird die Gewissheit eigener Handlungskompetenz in Krisen anfälliger, dann ist es wichtig, auf ein Netzwerk sozialer Beziehungen zurückgreifen zu können sowie vertraute Menschen zu haben, mit denen man sich austauschen kann, die unterstützen und helfen. Sozialräumliches Arbeiten mit Familien bietet durch die Möglichkeit des Austauschs mit anderen Eltern nicht zuletzt ein solches Netzwerk, in dem die Handlungskompetenz von Eltern erhalten oder erweitert werden kann. Das ist vor allen Dingen für solche Eltern hilfreich, die über kein (groß-)familiäres Netzwerk verfügen.

Bei vorwiegend entwicklungsförderndem Erziehungsverhalten ist der Erwachsene offen, entwicklungsfähig, selbstkritisch, zeigt Bereitschaft, sich auf neue Gegebenheiten einzulassen und geht grundsätzlich von der Kompetenz des Kindes und seinen Ressourcen aus: Das Kind wird als Subjekt mit eigener Individualität gesehen, er setzt klare Grenzen, ist konsequent, hält sich an Vereinbarungen, ist liebevoll zugewandt, akzeptierend und wohlwollend. Diese Beziehungsfertigkeiten sind nicht ohne weiteres vorhanden, sondern müssen, wie alle Fertigkeiten, gelernt werden. Mit zunehmendem Wissen über die kindliche Entwicklung und mehr Erfahrungen im Umgang mit dem Kind kann sich die elterliche Überzeugung von der eigenen Erziehungskompetenz zu einem differenzierten System entwickeln.

Das setzt eine hohe Bereitschaft zur Selbstkritik, Selbsterfahrung, Selbsterziehung voraus. Zeigen sich Eltern als Personen mit eigenen Grenzen und Gefühlen und treten für die eigenen Werte ein, so ist das kein Kampf gegen das Kind (wie manche Eltern das in Elternkursen thematisieren) und auch keine Erziehungsstrategie, sondern ein Sichtbarmachen der individuellen Persönlichkeit mit den je eigenen Möglichkeiten und Grenzen. Treffen die Bedürfnisse der Eltern und die des Kindes aufeinander, werden sich Konflikte nicht vermeiden lassen. Sie gehören zum Familienalltag, in dem Kinder und Erwachsene im gleichwürdigen Umgang lernen können, sich abzugrenzen, miteinander zu streiten und sich zu versöhnen, zu argumentieren, zu kooperieren und nach Lösungen zu suchen. Eltern, die sich als verletzbare Personen zeigen, geben ihrem Kind durch ihre persönliche Präsenz Orientierung und sind ihm darin Vorbild.

Über die persönliche Präsenz geht die *elterliche Präsenz*, die eine *Bejahung der Erziehungsautorität* beinhaltet, noch hinaus. Sie bedeutet die bewusste Verantwortungsübernahme als Mutter oder Vater. Die Psychologen Haim Omer und Arist von Schlippe, die den Begriff der „elterlichen Präsenz" eingeführt haben, beschreiben drei Facetten: „Die Erlebensseite, die Verhaltensseite und die systemische Seite, die Einbettung in soziale Zusammenhänge" (Omer, von Schlippe 2004, 33-35).

Hierbei stellt die *Erlebensseite* den Selbstwert in der Elternrolle dar und die Grundüberzeugung, über persönliche Stärken zu verfügen und wirksam handeln zu können. Die *Verhaltensseite* entspricht der praktischen Umsetzung, die sich aus dem Kompetenzgefühl ergibt. Wenn Eltern auf Regeln achten, ihr Kind fördern, ihm klare Strukturen vermitteln, für sein Wohl sorgen und Anteilnahme an seinem Leben zeigen, setzen sie in ihrem Verhalten das Bewusstsein um: „Ich bin deine Mutter, ich bin dein Vater und ich bin hier! Ich werde dir nicht nachgeben, aber ich werde dich auch nicht aufgeben!"

Der dritte Aspekt der elterlichen Präsenz, die *systemische Seite*, besteht in dem Aufbau und der Pflege eines sozialen Netzwerks von Freunden, der Familie, anderen Erziehern/Erzieherinnen und der Bereitschaft, sich dort Unterstützung und Entlastung zu holen.

Sind die persönliche und elterliche Präsenz nur schwach ausgebildet, dann droht die angemessene Stellung der Eltern verloren zu gehen. Schwindende elterliche Präsenz und Kompetenzüberzeugung gehen einher mit der Dominanz des Kindes über die Eltern. Mit so genannten Verhaltensauffälligkeiten fordern Kinder die Eltern indirekt dazu auf, ihrer persönlichen und elterlichen Präsenz nachzukommen. Setzen sich die Eltern dann gewaltsam und autoritär durch, werden Kinder entsprechend aggressiv reagieren. Eine Eskalationsspirale von Gewalt und Gegengewalt beginnt. Resignieren die Eltern, dann wird das Kind zunehmend machtorientierter und dominanter und die elterliche Hilflosigkeit nimmt zu. „Wenn ein starkes, aktives und dominanzorientiertes Kind in einer Situation unsicherer oder desorganisierter Bindung und ohne den Rahmen einer klar erkennbaren elterlichen Präsenz aufwächst, kann sein expansives Verhaltensmuster gewalttätig werden. Wenn die Eltern ihrerseits gewalttätig sind, verschlimmert sich die Situation wegen der wechselseitigen Eskalation" (Omer, von Schlippe 2004, 117).

Die elterliche Autorität ist auf Sach- und Persönlichkeitsautorität begründet. Erwachsene haben durch ihre Lebenserfahrung und Kompetenz einen Überhang an Orientierungsmitteln und Information, an denen sie das Kind teilhaben lassen können und die sie klar und konsequent dann einsetzen, wenn es um Grenzverletzungen geht. Ein Erwachsener mit Kompetenz- und Kontrollerfahrung ist in der Lage, die Rechte des Kindes zu wahren und ohne Gewalt, achtungsvoll, Grenzen zu setzen. Der Erziehungswissenschaftler Dieter Thomä beschreibt elterliche Autorität wie folgt: „Zur Autorität gehört zunächst das Vorleben einer Lebensform, von deren Sinn und Wert man überzeugt ist, also eine lebendige Repräsentation von Überzeugungen, für die man einsteht. Zur Autorität gehört darüber hinaus der Anspruch, solche Überzeugungen zu vermitteln und weiterzugeben. ... Umgekehrt führt die Verweigerung von Autorität zu einer Selbstdemontage des Erziehenden" (Thomä 2008, 48).

Zur Elternkompetenz gehören demnach neben einer positiven fürsorglichen Beziehung und einer respektvollen Haltung gegenüber dem Kind unverzichtbar personale Präsenz und Autorität.

KINDLICHE KOMPETENZERFAHRUNG

Hat ein Mensch sehr früh die Erfahrung gemacht, Situationen nicht nur ausgeliefert zu sein, sondern Möglichkeiten zu haben, diese für sich zufriedenstellend zu verändern, lässt das eine Grundannahme in das Vertrauen der eigenen Bewältigungs- und Anpassungsleistungen zu. Demgegenüber lassen frühe Erfahrungen von Hilflosigkeit und Nichtsteuerung belastender Lebensereignisse eine eher resignierte Haltung des Ausgeliefertseins entstehen.

Ob ein Kind erfolgreiche *Kontroll- und Kompetenzerfahrungen* sammelt, hängt somit weitgehend vom Interaktionsverhalten seiner Bezugspersonen ab. Wenn Mutter oder Vater die Signale ihres Kindes übersehen oder falsch interpretieren, kommt es zu Enttäuschungen und zu keinem gut ausbalancierten interaktivem Zusammenspiel. Je nach Temperament des Kindes reagiert es mit anfänglich erhöhtem Aktivitätsniveau, dann mit Rückzug oder Vermeidung (vgl. Oerter, Montada 1995, 10 ff.).

Die Interaktionssequenzen verkürzen sich, und Zeiten, in denen sich das Kind aus den Wechselbeziehungen zurückzieht, werden länger. Gehen jedoch die Bezugspersonen angemessen auf die Aktionen des Kindes ein, so verlängert sich das Interaktionsgeschehen. In diesem Zusammenspiel erlebt das Kind, wie es mit seinen Fähigkeiten das Umfeld steuern kann.

Gefühle von Kompetenz und Selbstwert entwickeln sich in erster Linie durch soziale Definition, d.h. Kinder tun etwas, schauen Vater oder Mutter an und versuchen in deren Verhalten etwas über sich selbst zu lesen.

Diese Wahrnehmungen strukturieren sich zu einem Selbstwertgefühl. Fühlt sich das Kind hilflos den Strukturen, Menschen und Situationen ausgeliefert? Hat es im Laufe seiner Entwicklung hauptsächlich selbstwertmindernde Botschaften bekommen und die Erfahrung gemacht: „So wie ich bin, bin ich nicht in Ordnung und kann wenig bewirken"? Oder hat es erfahren, dass es gut ist so zu sein, wie es ist? Fühlt es sich kompetent, kann es etwas bewirken, verändern und gestalten? Hat es Kontrollüberzeugung entwickelt?

Die Selbstwirksamkeitstheorie (self efficacy theory) stammt von Albert Bandura (Bandura 1997), der aufzeigt, wie in unterschiedlichen Bereichen menschlichen Handelns durch die positive Einschätzung der eigenen Wirksamkeit und persönlichen Handlungskompetenz das Individuum in seiner Lebenszufriedenheit, in seinen (Lebens-) Leistungen und in der Gestaltung seiner Beziehungsstrukturen positiv beeinflusst wird.

Zu den personalen Ressourcen eines Menschen gehören auch seine kognitiven Verarbeitungsfähigkeiten und seine physische Disposition. Aber nicht nur *personale Ressourcen* wie Selbstwert, Steuerungs- und Kontrollüberzeugung, Intelligenz und Handlungskompetenz bestimmen den Verlauf eines Entwicklungsprozesses. Die Qualität des Umfeldes und damit die sozialen Ressourcen entscheiden, inwieweit es zu einer Überforderung oder zu Anpassungs- und Steuerungsmöglichkeiten in konkreten Lebenssituationen kommen kann.

Das erste und wichtigste soziale Unterstützungssystem wird durch das Interaktions- und Pflegeverhalten der Bezugspersonen gegeben, das bei positivem Verlauf eine sichere Lebensbasis bietet. Denn soziale Unterstützungsfunktionen, sowohl zum *Aufbau* von Lebenskompetenz als auch zur *Intervention* in belastenden Lebenssituationen, sind für Eltern und Kinder gleichermaßen bedeutungsvoll und von den Grundtendenzen her ähnlich: ein emotional förderndes Sozialklima mit Achtung, Verständnis, Akzeptanz, Wertschätzung und Sympathie, liebevolle Beziehungen, konkrete instrumentelle Unterstützung, wie Information, finanzielle Hilfen, Beratung, kontinuierliche Erfahrung von Zugehörigkeit innerhalb eines sozialen Netzes (Familie, Freunde, Schulklasse, Freizeitgruppe, Arbeitskollegen, aber auch nationale Zugehörigkeit).

Da sich Heranwachsende zunehmend an Freunden und Gleichaltrigen orientieren, werden diese Beziehungen im Laufe der Entwicklung immer wichtiger. Lebenswelten, wie die Gleichaltrigengruppe, Ausbildung und Freizeitgestaltung bekommen neben der Familie eine immer größere Bedeutung. Diese Lebenswelten haben dann eine fördernde Funktion, wenn sie den Einzelnen in seinen bereits entwickelten Fähigkeiten unterstützen und durch neue soziale Aufgaben weitere wecken. Hierbei bieten Vernetzungssysteme gute Voraussetzungen für eine förderliche Entwicklung. Entwicklungsförderndes Erziehungsverhalten basiert auf *dem Recht des Kindes auf Achtung* und dem *Recht des Kindes auf eine gewaltfreie Erziehung* (vgl. Tschöpe-Scheffler 2003b).

RECHT AUF GEWALTFREIE ERZIEHUNG

„Kinder haben ein Recht auf gewaltfreie Erziehung. Körperliche Bestrafungen, seelische Verletzungen und andere entwürdigende Maßnahmen sind unzulässig" (§ 1631, II BGB). Das Gesetz bezieht sich nicht nur auf die Rechtswidrigkeit körperlicher Gewalt, sondern alle Erziehungsmaßnahmen mit entwürdigendem Charakter werden für unzulässig erklärt. Damit wird von Seiten des Gesetzgebers ein eindeutiges Votum gegenüber jeglicher Gewaltausübung zu Erziehungszwecken ausgesprochen. Eltern sollen eine klare Leitlinie erhalten, durch die verdeutlicht wird, dass nicht erst die körperliche Misshandlung von Kindern unzulässig ist, sondern alle Handlungen, die der Würde des Kindes widersprechen. Die Ächtung psychischer Gewalt in Form von Entwürdigung, Demütigung, Missachtung und Unterdrückung elementarer kindlicher Bedürfnisse ist explizit in dem

Gesetz enthalten; implizit geht es um den hohen Wert eines toleranten, respektvollen und vor allem gewaltfreien Umgangs zwischen Erwachsenen und Kindern.

Die Absicht des Gesetzes ist eine Verminderung der Gewaltausübung in der Erziehung. In familiären Konfliktlagen sollen nicht Strafverfolgung oder der Entzug der elterlichen Sorge als staatliche Interventionen im Vordergrund stehen, sondern der Ausbau von Hilfs- und Unterstützungsangeboten für betroffene Kinder, Jugendliche und Eltern. Der Gesetzgeber hat also den Weg gewählt, das Gesetz zum Recht des Kindes auf eine gewaltfreie Erziehung bei Übertretung nicht mit Strafandrohung gegenüber den Erziehungsberechtigten zu verbinden, sondern er setzt auf Information, Prävention und helfende Angebote in Krisen- und Konfliktsituationen.

Damit der § 1631, II BGB das angestrebte Ziel erreichen kann, sind flankierende Maßnahmen notwendig, um langfristig eine Bewusstseinsveränderung bei Eltern, aber auch bei der übrigen Bevölkerung gegenüber der Anwendung von Gewalt in der Erziehung zu bewirken. Dazu ist es erforderlich, dass das Gesetz mit seinen Folgen nicht nur in der Fachöffentlichkeit zur Kenntnis genommen und diskutiert wird, sondern auch in der breiten Öffentlichkeit bekannt wird. Man geht allgemein davon aus, dass mit Elternkursprogrammen eine Verbesserung der elterlichen Fähigkeiten, höhere Selbstreflexionsmöglichkeiten, Kompetenz- und Kontrollerfahrung und insgesamt eine Erziehungssicherheit erreicht werden können, die auch eine Verbesserung der Situation der Kinder zur Folge haben (Bundesministerium für Familie, Senioren, Frauen und Jugend 2000, 8). Auch in der Mehrzahl der Bundesländer sind die Rechte von Kindern in der Verfassung verankert.

5.2 ENTWICKLUNGSFÖRDERNDES ERZIEHUNGSVERHALTEN

Eltern, die ihrem Kind entwicklungsfördernde Unterstützung geben, sich zuständig fühlen für die Aufgaben, die mit Erziehung und Beziehung verbunden sind, erfahren, wenn sie ihren Lebensentwurf mit dem des Kindes verbinden, Veränderungen in ihrem eigenen Leben. Mit diesen zu rechnen, sie zu akzeptieren, ja sie sogar als eigene Entwicklungsprozesse zu verstehen, gehört zu einer nicht unwesentlichen Aufgabe in der Interaktion mit Kindern. Dies erachte ich für eine Grundhaltung, aus der heraus *sich die vier folgenden Dimensionen eines entwicklungsfördernden Erziehungsverhaltens herauskristallisieren lassen*:

5.2.1 LIEBEVOLLE ZUWENDUNG

Es geht um das „leidenschaftliche Verhältnis", die emotionale Qualität einer Beziehung, das, was im Erzieherischen „persönlich und existentiell" ist, wie es der Psychiater und Psychoanalytiker Laing formuliert hat (vgl. Laing 1969).

„Liebevolle Zuwendung" liegt dann vor, wenn sich der Erwachsene dem Kind zuwendet und es in einer wohlwollenden Atmosphäre anhört und wahrnimmt. Dazu gehört, dem Kind echte Anteilnahme an seinen Problemen zu zeigen. Der emotionale Aspekt in dieser Dimension kann sich durch Körperkontakt, Lächeln, eine zugewandte Haltung, Blickkontakt und Trost äußern. Gefühle werden gezeigt und können zärtlich, innig, fürsorglich, mitleidend, mitsorgend, herzlich, gütig und einfühlsam sein. Der Erwachsene überschreitet nicht die Grenzen des Kindes, dringt nicht in persönliche Bereiche ein und fordert keinen Körperkontakt; es kommt zu keiner „fürsorglichen Belagerung". Ein Schlüsselbegriff, der in diesem Zusammenhang eingeführt werden soll, ist „wahrnehmende Liebe"; er steht im Gegensatz zu einer vereinnahmenden, blinden, überfürsorglichen Liebe. Der Begriff geht auf Johann Heinrich Pestalozzi zurück, der von der Mutter „denkende Liebe" (Pestalozzi 1924, 22) fordert. Das Thema in Pestalozzis Leben und seiner Pädagogik – die Liebe – war und wird immer eine

Grundkategorie menschlichen Lebens bleiben; darin liegt die zeit- und generationenübergreifende Aktualität seines Werkes. Seine Erkenntnis, dass Liebe als eine menschliche Grundkategorie für die Entwicklung notwendigerweise auf personale erzieherische Hilfe angewiesen ist, gehört zu Pestalozzis pädagogischem Erbe, das zeitlos ist.

Wahrnehmende Liebe, so können wir von Pestalozzi lernen, setzt auf die Möglichkeiten des anderen Menschen, nicht auf unseren Entwurf von ihm: Sich überraschen zu lassen, mit immer neuen Möglichkeiten beim anderen und bei sich selbst zu rechnen, eigene Entwürfe (Alltagskonzepte) zu verändern kann bedeuten: zu beobachten und wahrzunehmen, handeln und geschehen zu lassen, planen und mit dem Geheimnisvollen zu rechnen, festzuhalten und loszulassen.

Nur durch authentische und feinfühlige Anteilnahme an der Existenz des Kindes, durch Teilhabe an seinem Leben in Achtung vor seiner Individualität kann eine sichere Bindung wachsen, die dem Kind persönlichen Freiraum mit einer eigenen Individualität zugesteht.

Eine den anderen freigebende Liebe mutet Eltern und ErzieherInnen viel zu. Die Zumutung besteht vor allem darin, dass sie ihre Angst um das Kind erkennen müssen, um das Kind in sein eigenes Sein loszulassen. Der Gedanke an die Gefahren, denen das Kind ausgesetzt sein könnte, und die Angst vor der Ablösung des Kindes veranlassen Eltern und ErzieherInnen oft zu einengenden Beziehungen. Wenn die Furcht um das Leben des Kindes größer ist als die Freude über sein Explorationsverhalten, dann wird diese Angst, und nicht die wahrnehmende und begleitende Liebe die Beziehung zwischen Eltern und Kind prägen. Nur durch eigene Erfahrungen von Leiden und Freuden kann das Kind zu seiner individuellen Existenz finden. *Wahrnehmende Liebe* zeichnet sich ebenso wie Achtung und Respekt vor dem Kind durch sorgfältige Wahrnehmung aus und auferlegt sich damit den Verzicht auf vorschnelle Eingriffe in das Leben des Kindes.

Sind Beobachtung und Einfühlung in die Welt des Kindes ein Bestandteil der Liebe zu ihm, dann nehmen Erwachsene auch wahr, dass Kinder sich gegen Einengung, Nähebedürfnis der Eltern und Überbehütung zu wehren wissen. Nonverbal oder verbal wird zum Ausdruck gebracht, dass sie anderer Meinung sind und die Fürsorge oder Angst des Erwachsenen ihr Tun behindern.

Erst durch die Selbstreflexion eigener Gefühle kann eine egoistische, besitzergreifende Liebe zu einer wahrnehmenden Liebe werden, in der die Achtung des anderen in seinem Anderssein ein Teil dieser Liebe geworden ist. Dies ist nicht ohne einen Selbsterziehungsprozess der Erwachsenen möglich.

5.2.2 ACHTUNG UND RESPEKT

Auf einen Repräsentanten der „Pädagogik der Achtung" des ausgehenden 19. und beginnenden 20. Jahrhunderts soll in diesem Zusammenhang besonders eingegangen werden: Janusz Korczak (1878-1942), polnischer Arzt und Pädagoge, Waisenhausvater und Schriftsteller. Seine Anthropologie und seine radikale Haltung der Achtung der kindlichen Persönlichkeit waren erkenntnisleitend für die Zusammenstellung der entwicklungshemmenden und entwicklungsfördernden Dimensionen des Erziehungsverhaltens, insbesondere aber für die Dimension der Achtung. Janusz Korczak entwickelte keine neue Methode im Umgang mit Kindern und auch kein konkretes didaktisches Konzept, das schnelle Lösungen bereithielte. Seine „Haltung der Achtung" (Beiner 1987) setzt einen langen, manchmal auch schmerzvollen Selbsterkenntnisprozess voraus, der dazu führen kann, die eigene Einstellung gegenüber dem Kind grundlegend zu revidieren. Seine Pädagogik der Achtung führt zu neuen Fragen und positiven Irritationen. Diese anthropologische Grundeinstellung des Begleitens und Anteilnehmens zieht sich durch sein Leben und Werk. Korczak geht es um Theorie und Praxis des gelebten Lebens, in dem Erziehung zu einem *dialogischen Verhältnis* wird.

Korczak verlangte eine dialogische Struktur, in der das Recht auf Achtung oberste Priorität hat. „Ich fordere die Magna Charta Libertatis, als ein Grundgesetz für das Kind. Vielleicht gibt es noch andere – aber diese drei Grundrechte habe ich herausgefunden:

„a) Das Recht des Kindes auf den Tod.

b) Das Recht des Kindes auf den heutigen Tag.

c) Das Recht des Kindes, so zu sein, wie es ist."

(Korczak 1967, 40)

Diese Rechte sollen das Kind vor dem Zugriff der Erwachsenen durch Wissenschaft, Psychologisierung, Pädagogisierung, Scheinliebe und Leistungsanforderungen schützen. Die Radikalität seiner Forderungen wird meines Erachtens besonders durch das erste Grundrecht deutlich. Indem er das Recht des Kindes auf seinen Tod fordert, stellt er das eigene Leben mit seinen Wagnissen und Risiken in die Eigenverantwortung des Kindes. Auf den ersten Blick befremdlich und nicht so schnell nachvollziehbar meint Korczak damit u. a., dass Erwachsene Kindern durch ihre Ängste und (Über-) Fürsorge wesentliche Erfahrungs- und Lebensmöglichkeiten nehmen. Dem Erwachsenen wird damit zugemutet, Ängste um das Leben des Kindes und eigene Vorstellungen von dem geraden, gefahrlosen Weg in eine glückliche Zukunft des Kindes genau zu überprüfen und – falls nötig – zugunsten neuer Einstellungen zu revidieren. Damit sind die vielfältigen kindlichen Erfahrungsmöglichkeiten zu achten und es ist ihnen Raum zu geben.

Das Kind durch Rechte zu schützen, bedeutete für Korczak in erster Linie, die Erfahrungen des Kindes und damit sein Anderssein, seine Individualität und sein Kindsein zu schützen. Als Anwalt der Kinder lebte er mit ihnen und entwickelte demokratische Formen von Kinderbeteiligung und Selbstverwaltung. So gab es in seinen Waisenhäusern Kindergerichte, eine Kinderzeitung und Selbstverwaltungsgremien.

Die Grundhaltung des Erwachsenen ist geprägt von hoher Wertschätzung gegenüber der kindlichen Individualität, er traut dem Kind eigene Wege zu und er hält es für fähig, selbst Lösungen für sein Wollen und Streben zu finden. Im Vordergrund steht der Respekt vor dem „Eigen-Sinn" des Kindes. Auch für den Erwachsenen schwierige und fremde Persönlichkeitsanteile des Kindes werden anerkannt und als zur Person zugehörig geachtet. Wenn Erziehung zu einem dialogischen Prozess gleichrangiger Interaktionspartner/innen werden soll, dann bedeutet dies, dass man, wie Korczak, der individuellen Erfahrung des Kindes einen hohen Wert beimisst. Nur eine solche Sichtweise ermöglicht es, den Dreischritt von Beobachten – Beachten – Achten zu vollziehen. Das gängige System von oben nach unten wird von Korczak durchbrochen und in ein symmetrisches Beziehungsgefüge gestellt. Der Mensch wird bei Korczak nicht zum Erziehungsobjekt degradiert, sondern als Subjekt, als eigenständiges Wesen in seiner Einmaligkeit ernstgenommen.

Achtung bedeutet für Korczak, den Kindern ihren eigenen Weg zuzutrauen und auch zuzumuten; auch wenn er der „allerschlimmste Weg" wäre, so ist er doch für diesen Menschen der einzig richtige, weil er sein eigener ist: „Wohin soll ich euch führen? Zu großen Ideen, bedeutsamen Taten? Oder soll ich euch lediglich den Weg weisen zur Erfüllung notwendiger Pflichten, ohne die die Gesellschaft euch ausschließt, damit ihr wenigstens eure Würde bewahren könnt? Habe ich wohl das Recht, für dieses bisschen Nahrung und Betreuung einiger weniger Jahre euch zu befehlen, von euch etwas zu fordern oder gar zu wollen? Vielleicht ist für jeden von euch der eigene Weg – und wenn es der allerschlimmste wäre – der einzig richtige?" (Korczak 1967, 231).

5.2.3 KOOPERATION

Wenn es Erwachsenen gelingt, eine Basis wechselseitiger, dialogischer Kommunikation mit Kindern zu finden, können sie an der Lebenswelt der Kinder teilhaben. Solange durch die Struktur unserer Lebensform die Aufteilung in Erwachsenenwelt und Kinderwelt (die wiederum auch weitgehend von Erwachsenen vorgegeben wird) vorliegt, hängt es in erster Linie vom Ermessen, Wohlwollen oder Gutdünken des Erziehers ab, inwieweit er das Kind an seinem Leben teilnehmen lässt, bzw. es ausgrenzt, ihm Sonderwelten zuteilt und diese für das Kind, selten mit ihm, gestaltet. Je mehr das Kind aus dem gesellschaftlichen Leben der Erwachsenen ausgegliedert und ihm eine eigene Sphäre zugedacht wird, umso vielfältiger und umfassender müssen vermittelbare Bildungsinhalte eingesetzt werden, die zum Zweck der Eingliederungshilfe nötig werden. Je weiter der Lebensbereich des Erwachsenen vom Lebensbereich des Kindes entfernt ist, desto mehr wird dieser zur „pädagogischen Provinz."

Der Erziehungswissenschaftler Klaus Mollenhauer bezeichnet den solchermaßen gestalteten Vorgang der Bildung als einen Prozess von außen nach innen und hält ihn dort für sinnvoll, wo „ ... in vorgegebene Sinnhorizonte eingefädelt wird, in Sozialstruktur, in Beziehungsgruppen, in Kultur und Lebenswelten" (Mollenhauer 1983, 68 f.).

Erziehung von außen nach innen wird also zunehmend da notwendig, wo gemeinsame Erfahrungsbereiche von Erwachsenen und Kindern fehlen. Neben der Bildung von außen gibt es auch eine Bewegung, die als von *innen nach außen* zu charakterisieren wäre und die wir vermehrt in der Pädagogik Janusz Korczaks finden. Wenn sich die gesellschaftliche Welt des Erwachsenen und die des Kindes überschneiden, sind weniger methodisierte zielorientierte Erziehungsimpulse nötig, weil sich durch vielfältige „Umgangssituationen" gemeinsame Erfahrungen ergeben und dadurch für Kinder und Erwachsene mehr emotionales, kognitives und soziales Lernen möglich wird.

Im Mittelpunkt dieser entwicklungsfördernden Dimension stehen Interaktionsverhalten, Gespräche und Erklärungen, wechselseitiges Verstehen und „Um-Verständnis-Ringen". Zwar spielen die Akzeptanz der eigenen Meinung des Kindes, Achtung und Respekt ebenso eine Rolle wie die emotionale Zugewandtheit, aber der Fokus liegt hier auf dem partnerschaftlichen Umgang miteinander. Erwachsene vertreten ihren eigenen Standpunkt und hören sich die Meinung des Kindes an. Das Kind wird in Entscheidungen einbezogen, es geht um Teilhabe und Teilnahme, um Verantwortung und Begleitung so lange, bis das Kind eigenständig die Aufgabe lösen kann. Individuelle Vielfalt, Vorschläge, Fantasie, Aktivität, Beteiligung und Mit-Beteiligung sind erwünscht. Freiheitliches, kooperatives, demokratisches Miteinander geschieht in einer akzeptierenden Atmosphäre. Erfahrung als Selbst- und Welterfahrung geschieht dort, wo sich Menschen in lebendigen Umgangssituationen miteinander verbunden fühlen, wo sie miteinander lieben, lachen, spielen, arbeiten, wo sie fröhlich, aber auch traurig, wütend und ängstlich sein dürfen. In alltäglichen Lebenssituationen ist jeder Mensch immer wieder von anderen umgeben; erst in der Fülle menschlicher Lebensäußerungen wird das individuell Konkrete möglich, da das Ausrichten des eigenen Denkens, Tuns und Fühlens im Spiegel der anderen erfahren wird. Die Gestaltung gemeinsamer Lebensbereiche von Kindern und Erwachsenen, in denen die Erwachsenen einen Teil ihrer Zeit mit Kindern verbringen, ist von daher eine wesentliche Voraussetzung für partnerschaftliches Miteinander und Kooperation. Dies könnte zu einem wechselseitigen Lernen in gemeinsamen, lebendigen Umgangssituationen werden.

Der Erziehungswissenschaftler Brezinka weist darauf hin, dass nicht einheitlich von einem Erziehungsbegriff gesprochen werden kann; er unterscheidet einen „Handlungsbegriff und einen Geschehensbegriff von Erziehung" (Brezinka 1976). Einerseits sind demnach

„… unter ‚Erziehung' Handlungen zu verstehen, die in der Absicht erfolgen, in anderen Menschen gemäß für sie gesetzten Normen (Sollensforderungen, Idealen, Zielen) psychische Dispositionen hervorzubringen, zu fördern, zu ändern, abzubauen oder zu erhalten" (Brezinka 1976, 129).

Andererseits wird die Persönlichkeit durch viele soziale Prozesse verändert, bei denen keine Förderungsabsicht vorliegt. Den „Geschehensbegriff der Erziehung" ordnet Brezinka der neueren Pädagogik zu und vergleicht diesen mit dem bisher dafür verwendeten Begriff der funktionalen Erziehung.

In natürlichen Umgangssituationen (Familie, Kindergruppe) gibt es viele Möglichkeiten wahrzunehmen, teilzunehmen, nachzuahmen und auszuprobieren. Eine Umgewichtung zugunsten des Umgangsaspekts in der Erziehung wird dort sozusagen als Antithese nötig, wo intentionale Erziehung mit bestimmten Vorstellungen und einem Erziehungsoptimismus vertreten und gelebt wird.

Es wird deutlich, wie brisant der Balanceakt zwischen nötiger Handlungsaufforderung und dem Geschehenlassen ist. Bei der funktionalen Erziehung handelt es sich um eine Vielfalt von (Erziehungs-)Einflüssen und um eine hohe Komplexität unterschiedlicher Faktoren, während in der intentionalen Beziehung die absichtsvolle Einflussnahme im Mittelpunkt steht.

Von daher bedarf es des „pädagogischen Taktes" oder einer professionellen Abstinenz, um zu prüfen, was in der jeweiligen Situation angemessen ist. Der Takt, der wegsehen, loslassen kann, der Probleme sich selbst überlassen kann und doch einzugreifen den Mut hat, wenn es notwendig ist. Dieses Taktgefühl, vom Pädagogen Herbart als der unmittelbare Regent der Praxis bezeichnet, beschreibt die Fähigkeit zu situationsadäquatem, angemessenem Handeln. Es ist ein Taktgefühl, das sich in der Praxis entwickelt und in einem komplexen Wechselspiel von theoretischer Reflexion, wiederholter Erfahrung und Einübung entsteht.

5.2.4 VERBINDLICHKEIT UND GRENZSETZUNG

Jeder Lernprozess, auch der, in dem es um Verbindlichkeit und Grenzen geht, muss sinnvollerweise in liebevolle Beziehungen, Vertrauen, emotionale Wärme und Verbundenheit mit denjenigen eingebettet sein, welche die Grenzen setzen. Auch wenn im Allgemeinen heute wieder Übereinstimmung darüber besteht, dass Kinder Grenzen, Strukturen und Verbindlichkeiten benötigen, besteht doch eine Meinungsvielfalt darüber, wie das konkret umzusetzen ist. T. Berry Brazelton und Stanley I. Greenspan, die an der George-Washington-Universität ein Modell für die Beobachtung und Behandlung von Säuglingen und Kindern mit Entwicklungsstörungen und emotionalen Problemen erarbeiteten, halten Disziplin und Struktur nach der Liebe für das zweitwichtigste Erziehungselement, das einem Kind für dessen gesunde Entwicklung mitgegeben werden sollte. Sie beschreiben das Lernverhalten von Kleinkindern folgendermaßen: „Grenzen und Strukturen müssen auf Zuwendung und Fürsorge aufbauen, denn mit dem Wunsch des Kindes, den Menschen, die es liebt, Freude zu bereiten, ist die Aufgabe, ihm die Internalisierung von Grenzen zu ermöglichen, bereits zu 90 % gelöst. Kinder suchen die Zustimmung ihrer Bezugspersonen aus verschiedenen Gründen: Weil sie diese Menschen lieben und von ihnen anerkannt und respektiert werden möchten oder weil sie sich vor deren Missbilligung fürchten. Selbstverständlich sind Angst und das Bedürfnis zu gefallen, häufig gleichzeitig im Spiel. Kinder lernen auch, indem sie sich die Menschen ihrer Umgebung zum Vorbild nehmen. Moral erwächst aus dem Versuch, so zu werden wie ein bewunderter Erwachsener" (Brazelton 2002, 247/248).

Auch für den Pädagogen Johann Heinrich Pestalozzi sind Grenzen (er nennt sie Strenge und Strafen) nur dann angebracht, wenn sie aus einer Beziehung heraus entstehen. Zur Strafe gehören aber für Pestalozzi gerade die Einsicht des Grundes und das rasche Verzeihen. Grenzen zu setzen bedeutete für Pestalozzi nicht vorrangig, Kinder für ihr unangemessenes Verhalten zu bestrafen oder sie in eine für sie belastende Struktur hineinzupressen. Bei zu hohen Normerwartungen und überhöhten Ansprüchen ist das Kind überfordert; sie können entweder eine starre Internalisierung von Normen oder eine Auflehnung gegen sie bedingen. Ausgehend von dem Wunsch nach

Anerkennung und Zugehörigkeit ist das Kind bestrebt, sich in die vorerst heteronomen Verhaltensvorgaben und Strukturen einzugliedern. Im Laufe der Entwicklung können diese zu einem autonomen inneren Wertesystem werden. Das Kind, dem Erfahrungen fehlen, ist auf ein verlässliches und liebendes Du als kontinuierlicher Weltvermittler angewiesen, um mit ihm die Welt zu deuten und ihm Orientierungen zu geben. Dazu gehören auch Wert- und Normvermittlung. Normen geben den Rahmen für die gebilligten und erwünschten Verhaltensweisen in einer Gesellschaft vor, bestimmen das soziale Handeln des Individuums und strukturieren und regeln den Umgang miteinander. In der Begegnung mit der Welt und mit den anderen erwachen Staunen, Fragen, Erfolge, Misserfolge; das Kind erfährt Liebe und Hass, Trauer, Freude und Angst, und es erfährt Grenzen – seine eigenen und die der anderen. So findet es sich in Strukturen vor, zu denen es sich verhalten muss. Täglich neu gewonnene Erfahrungen können in den eigenen Lebenszusammenhang eingeordnet werden, es bilden sich Typisierungen, Muster, Abgrenzungs- und Zugehörigkeitskategorien. Erst im Bild der anderen kann sich die eigene Identität entfalten. Das Kind entwickelt sich zu einem „definierten Ich innerhalb einer sozialen Realität" (Erikson 1981, 17), was der bekannte Psychologe Erikson als „Ich-Identität" bezeichnet.

Erwachsene können dem Kind durch Regelklarheit und eine Alltagsstruktur beim Aufbau seiner Ich-Identität helfen. Hierzu müssen dem Kind die Regeln des Zusammenlebens bekannt und einsichtig sein. Das Nichteinhalten hat erwartbare Konsequenzen, die mit der Sache zu tun haben und das Kind nicht entwürdigen. Es wird deutlich zwischen Verhalten und Person unterschieden. Wenn der Erwachsene sich als Person mit seinen Gefühlen und seinen eigenen Grenzen zeigt, bringt er dies unverkennbar durch Ich-Botschaften zum Ausdruck. Dadurch wird eine Verlässlichkeit und Kontinuität ermöglicht, die dem Kind Handlungssicherheit gibt. Neben den Regeln stellen Alltagsrituale und Gewohnheiten der Lebensführung strukturelle Grenzen dar, wobei diese nicht in erster Linie Verbote sind, sondern Markierungen zur Orientierung. Ob eine Konsequenz zur Veränderung führt, hängt auch von ihrer Akzeptanz ab. Sind Strafen logisch, haben sie mit dem Verhalten des Kindes zu tun. Entwürdigen sie seine persönliche Integrität nicht, dann tritt eher eine Veränderung aus Einsicht ein, als wenn emotionaler Druck ausgeübt und aus Angst gehandelt wird. Je älter die Kinder sind, desto mehr können sie sich an der Regelaufstellung und der Festlegung von Konsequenzen bei Regelbrüchen beteiligen. Je größer die Mitbeteiligung der Kinder, desto höher ist ihre Einsicht.

ÜBUNGS- UND WIEDERHOLUNGSFRAGEN

1. Was zählt zu den elterlichen Erziehungskompetenzen?
2. Welche Bedeutung hat die Selbstwirksamkeitserfahrung für die Erziehungskompetenz der Eltern?
3. Was besagt die Selbstwirksamkeitstheorie nach A. Bandura?
4. Was versteht Antonovsky unter dem Konzept der Salutogenese?
5. Was verstehen Sie unter persönlicher Präsenz der Erwachsenen in der Erziehung?
6. Beschreiben Sie die drei Facetten der elterlichen Präsenz.
7. Welche Folgen hat eine schwindende persönliche und elterliche Präsenz?
8. Welche Bedeutung hat die Selbstwirksamkeitserfahrung für die Erziehungskompetenz der Eltern?
9. Nennen Sie die vier Dimensionen entwicklungsfördernden Erziehungsverhaltens.
10. Weshalb sind Regelklarheit und Alltagsstruktur beim Aufbau einer „Ich-Identität" (Erikson) notwendig?

6. PHYSISCHE UND PSYCHISCHE GEWALT IN FAMILIEN

Nachdem im vorangegangenen Kapitel dargestellt wurde, welche Faktoren maßgeblich dazu beitragen, dass Erziehung und Beziehung entwicklungsfördernd verlaufen, soll im folgenden Kapitel der Blick auf entwicklungshemmende Aspekte gerichtet werden, die durch verschiedene Formen von Gewalt ausgelöst werden. Zugrunde liegt ein Verständnis von Gewalt, das sowohl physische, aber insbesondere *psychische Gewalt* einschließt. Auf dieser Basis soll im weiteren Verlauf untersucht werden, wieso es für Eltern oft so schwierig ist, den Gewaltaspekt als solchen in ihren Erziehungshandlungen überhaupt zu erkennen, um dann nach Gründen zu fragen, die als Auslöser für psychische Gewalt in Frage kommen könnten. Hierbei werden die Gemeinsamkeiten der gewaltauslösenden Situationen, zu Grunde liegende Konflikte und deren Bedeutung für die Anwendung psychischer Gewalt dargestellt, um sodann auf die Auswirkungen dieser Gewaltformen auf Kinder einzugehen. Diesbezüglich wird einerseits den vielfältigen Aspekten einer gestörten Partnerbeziehung und andererseits den unzureichenden Konfliktlösungsstrategien im Umgang miteinander nachgegangen. Die Ausführungen schließen mit den Auswirkungen psychischer Gewalt auf die Entwicklung von Kindern.

Im zweiten Teil dieses Kapitels werden sodann vier entwicklungshemmende Dimensionen im Erziehungsprozess beschrieben, die in unterschiedlicher Weise Gewaltelemente enthalten. Gemeinsam ist allen eine hemmende Wirkung im Hinblick auf die Entwicklungsbedürfnisse des Kindes.

Ein typisches Merkmal des Systems Familie ist es, dass sich in ihm zwei Abhängigkeitsverhältnisse vorfinden: das Geschlechterverhältnis einerseits und das Generationenverhältnis andererseits. Die traditionelle Ausprägung familiärer Beziehungen beruht auf hierarchischen Strukturen, die durch ein Ungleichgewicht an Macht, Abhängigkeit, Ansehen, Stärke und Kontrolle gekennzeichnet sind. Die Familie als intime Sphäre bietet von daher in besonderem Maße Raum für Machtmissbrauch. Der Wandel von der patriarchalisch organisierten Großfamilie zur heutigen Kleinfamilie ging einher mit Veränderungen der traditionellen Macht- und Aufgabenverteilung nicht nur zwischen den Generationen, sondern auch zwischen den Geschlechtern. Durch die Veränderung der traditionellen und sozialökonomischen Ausrichtung der Familie und ihrer Beziehungen entstand ein Wandel der Funktionen der Familienmitglieder und damit verbunden veränderte Wünsche an das familiäre Zusammenleben. Der Wunsch nach Intimität, privatem Raum, Rückzug und persönlichem Glück soll ein Gegengewicht darstellen zu einer als unpersönlich, distanziert und leistungsbezogen empfundenen Außenwelt. Das System Familie wird demnach nicht selten mit der Hoffnung auf Geborgenheit und Sicherheit und dem Ideal der „heilen Welt" überfrachtet. Diesen Ansprüchen können Familien nur bedingt, wenn überhaupt, genügen. Das Sich-Nichterfüllen der Hoffnung und die Unerreichbarkeit der Ansprüche werden als persönliches Scheitern gesehen. Führen die neuen Rollenzuschreibungen zu Kollisionen, kann sich neben der Überforderung eine Unzufriedenheit der einzelnen Familienmitglieder ergeben, die zu Frustrationen führt und sich in wechselseitigen Schuldzuweisungen darstellt sowie in aggressiven Handlungen gegenüber den schwächsten Familienmitgliedern. Familiäre Beziehungen können sich trotz veränderter Werte, Rollenbilder und Funktionen nur schwer von der elterlichen und männlichen Dominanz und Stärke befreien.

Je nach Situation und Beziehungsgefüge sind von den innerfamiliären Gewalthandlungen unterschiedliche Personengruppen betroffen: Partnergewalt, die Auswirkungen auf die Kinder haben kann, Eltern-Kind-Gewalt, Gewalt unter Geschwistern oder gegenüber kranken und alten Menschen in der Familie. Ist eine Familie gewaltbelastet, dann sind es vor allem die Kinder, die durch den engen Zusammenhang zwischen Partnergewalt, physischer und psychischer elterlicher Gewalt sowie sexuellem Missbrauch direkt oder indirekt vielfältige Gewaltformen erfahren.

Eine Sensibilisierung für Gewalt gegenüber Kindern entwickelte sich erst allmählich durch die Entdeckung der Kindheit (vgl. Ariés 1978) als einen wichtigen Abschnitt im Leben des Menschen. Bis ins 19. Jahrhundert hinein wurde Kindern kein eigener Persönlichkeitsstatus zugebilligt; entweder wurden sie wenig beachtet oder wie Erwachsene behandelt. Auch wenn vereinzelt Philosophen und Pädagogen wie Rousseau und Kant, Fröbel, Pestalozzi, Montessori oder Korczak u.a. auf die Würde und die Integrität des Kindes aufmerksam machten, hatte das nicht unbedingt eine Auswirkung auf das unmittelbare Eltern-Kind-Verhältnis in der breiten Bevölkerung.

In der Diskussion um Gewalt gegen Kinder halten die Kontroversen bezüglich der Definition der Grenzen erzieherischen Handelns an. Behütung und Schutz des Kindes, Förderung seiner Entwicklung, Begleitung und Unterstützung gehören ebenso zur Erziehung wie einschränkende Verbote oder Strafen als letzte Konsequenz bei Grenzüberschreitungen. Dieser restriktive Aspekt von Erziehung gilt als ambivalent und problematisch und sorgt im Erziehungsalltag für Stress und Frustrationen sowohl bei Erwachsenen als auch bei Kindern. Andererseits ist die Grenzsetzung unvermeidbar, wenn es zum Ziel der Erziehung gehört, das Kind sowohl in seiner Personalisation, dem Prozess zur Entwicklung der eigenen Persönlichkeit, als auch in seiner Enkulturation, dem unmerklichen Hineinwachsen in die eigene Kultur, zu unterstützen.

Immer dann, wenn dem Kind Gefahren drohen, es die Grenzen anderer verletzt oder Regeln, die das gesellschaftliche Zusammenleben erfordern, nicht eingehalten werden, sind Grenzen nötig.

Die Art der Grenzsetzung hängt in hohem Maße von Ermessen, Willkür, Persönlichkeit und Sozialisation des Erziehers ab, aber auch von gesellschaftlichen Erziehungsvorstellungen. Häufige Formen, auf Grenzverletzungen zu reagieren, fallen in den Bereich der physischen und psychischen Gewalt gegenüber Kindern. Zudem werden viele Formen von Gewalt, die den Namen Erziehungsmaßnahme tragen, von der Allgemeinheit immer noch gebilligt. Doch durch die Diskussionen im Zusammenhang mit dem im Jahr 2000 verabschiedeten Gesetz zum Recht des Kindes auf eine gewaltfreie Erziehung (§ 1631, II BGB) ist wieder einmal stärker ins Blickfeld gekommen, dass Strafen, wenn sie pädagogisch gerechtfertigt sind, „eine aufbauende Komponente haben (müssen), mit der sich die Verletzung der Grenze und die Verletzung der Beziehung überwinden lässt" (Flitner 1990, 111).

Sie sollten auf Wiedergutmachung der Situation verweisen und nicht zur Sühne, Rache, Schadenszufügung oder Abschreckung dienen. Demnach werden auch in unserem Kontext alle Erziehungsmaßnahmen, die die Persönlichkeit und Würde eines Kindes verletzen, es demütigen, herabsetzen und seine Entwicklung hemmen, als Erziehungsgewalt verstanden, hierzu gehören sowohl *physische als auch psychische Gewaltakte*, wobei letztere weniger offensichtlich sind. „Gewalt gegen Kinder wird meist unterteilt nach körperlicher Misshandlung, Vernachlässigung, seelischer Misshandlung und sexuellem Missbrauch" (Deegener 2000, 31).

Diese Formen treten einzeln auf oder stehen in Verbindung miteinander:

Sexueller Missbrauch

Sexuelle Gewalt ist eine spezifische Form der körperlichen und psychischen Gewalt. Ein Erwachsener erlangt durch Kontakt mit einem biologisch, psychisch und sozial noch nicht voll entwickelten Kind sexuelle Befriedigung. Das Kind ist nicht in der Lage, die Tragweite zu überblicken. Es kommt zu einer Ausnutzung der Machtstellung des Erwachsenen gegenüber dem abhängigen Kind.

Körperliche Misshandlung

Körperlicher Missbrauch äußert sich in jeder Art von roher Gewalt gegenüber dem Kind: Schläge, Tritte, Verbrennungen u.a. Die Folgen bzw. Schäden körperlicher Gewalt sind meist direkt sichtbar. Häufig treten Brüche, Blutergüsse oder Hämatome auf. Aber auch die Ohrfeige oder der Klaps fallen in diese Kategorie.

VERNACHLÄSSIGUNG

Vernachlässigung kann den Körper, die Psyche, die Erziehung oder die Bildung betreffen. Man versteht darunter einerseits die Nichtbeachtung elementarer Bedürfnisse (bewusst oder fahrlässig) oder das Versäumnis der Förderung und Unterstützung der physischen, psychischen und sozialen Entwicklung eines Kindes. Äußere Anzeichen können eine Minder- und Mangelernährung sein, die sich zu einer chronischen Unterernährung entwickeln kann, und/oder eine nicht kindgerechte Pflege. Vernachlässigung ist durch mangelnden Körperkontakt, emotionale Deprivation, Einsperren oder Alleinlassen gekennzeichnet. Physischer Missbrauch schließt alle Formen psychischer Vernachlässigung mit ein. Als Folge davon treten häufig Verzögerungen des Sprachbeginns oder des Laufens auf. Im Zusammenhang mit den körperlichen Erscheinungen entstehen zusätzliche psychische Belastungen für das Kind. Meist erleben die betroffenen Kinder eine unzureichende und nicht existentielle Eltern-Kind-Beziehung (vgl. Tschöpe-Scheffler 1999, 98).

PSYCHISCHE MISSHANDLUNG

Jede körperliche Gewaltanwendung beinhaltet immer auch seelische Gewalt gegenüber dem Kind. Sie tritt aber nicht nur als Begleiterscheinung anderer Misshandlungsformen auf, sondern kann für sich allein als seelische Gewalt vorkommen. Seelische Misshandlung reicht von Beschimpfung, Missachtung, Ignorierung, Verspottung, Erniedrigung über ausgeprägte Ablehnung und Liebesentzug und Einsperren bis hin zu massiver Drohung. Dies ist nur ein Auszug aus einer langen Liste, die noch beliebig verlängert werden kann, da die Phantasie der Eltern bei dieser Misshandlungsform keine Grenzen zu kennen scheint.

Eine andere Seite des psychischen Missbrauchs äußert sich in Überbehütung und Überfürsorge. Die betroffenen Kinder haben wenig Chancen, selbständig zu werden. Kinder geraten in Abhängigkeit von den Eltern, da sie Angst haben, diese zu enttäuschen. Auch „Wohl-

standsverwahrlosung" (anstelle emotionaler erhalten Kinder materielle
Zuwendungen) oder inkonsistente, chaotische Verhaltensweisen von
Eltern gehören in diesen Kontext.

6.1 Erziehungsgewalt

Geht man davon aus, dass die meisten Eltern das Beste für ihr Kind
wollen, stellt sich die Frage, wie es zu Interaktionen kommen kann,
die demütigend, entwürdigend, missachtend, kurz gesagt gewalttätig
sind und den Eltern und Kindern das Leben miteinander erschweren.
Untersuchungen zeigen, dass psychische und physische Gewaltformen häufig in Zusammenhang mit Krisen und Konfliktsituationen
angewandt werden. Sie dienen den Eltern in vielen Fällen als Bewältigungsmaßnahme ihrer Konflikte, als Versuch der Aufrechterhaltung
des Familienzusammenlebens oder des Erziehungsalltages. Familiäres
Gewalthandeln kann der Versuch einer Bewältigungsstrategie sein.
Die im alltäglichen Zusammenleben auftretenden Konflikte entstehen
durch die Diskrepanz zwischen den Bedürfnissen, Wünschen, Gefühlen,
Erwartungen und Vorstellungen von Eltern und Kindern. Sie entstehen
aus den Belastungen und dem Stress, denen die Familien ausgesetzt
sind. Durch den Einsatz psychischer Gewalt wird das normale Leben
scheinbar aufrechterhalten, sie ist in diesem Sinne eine Form der
Konfliktbearbeitung.

> „In praktisch allen Bereichen unseres Lebens, im Großen wie im
> Kleinen, im persönlichen Umkreis ebenso wie in der Weltpolitik,
> sind wir mit verschiedenen Formen von Gewalt konfrontiert.
> Gerade weil uns dies klar ist und wir uns – mit Recht – vor dem
> Ausmaß dieser Gewalt fürchten, setzen wir vielfältige Strategien
> ein, mit deren Hilfe wir unseren Blick von diesem Thema abzu-
> lenken und uns zu beruhigen versuchen, es sei alles eigentlich
> gar nicht so schlimm"`(Rauchfleisch 1992, 7).

Dies ist sicherlich mit ein Grund, warum psychische Gewalt in der
Erziehung bis heute nicht ausreichend thematisiert wird. Ihr Vorhandensein wird ignoriert, umgedeutet oder abgewertet. Gleichzeitig wird
versucht, die eigene Theorie des gewaltfreien Erziehungsalltags zu
sichern. Dies findet auf zwei Ebenen statt:

- man spricht sich selbst von eigener Gewaltausübung frei,
- viele Formen der Gewalt werden als „normales", allgemein akzeptiertes Verhalten im Umgang miteinander interpretiert.

Das geschieht besonders dann, wenn dieses „normale" Verhalten zum eigenen Verhaltensrepertoire gehört. In einer Umfrage der Zeitschrift ELTERN von 1988 gaben noch 60 % der Männer und 70 % der Frauen an, ihre Kinder geschlagen zu haben. 48 % waren der Auffassung, Kinder könnten durchaus einen Klaps vertragen, und 12 % meinten, dass eine ordentliche Tracht Prügel manchmal angebracht sei. Als Hauptgrund, warum Eltern schlagen, nannten sie „Ungehorsam des Kindes" (vgl. Deegener 2000, 66 ff.).

Nach Angaben des Jugendforschers Hurrelmann (2002) schlagen 60 % der Eltern ihre Kinder im 21. Jahrhundert immer noch, und ein Drittel aller Eltern in Deutschland fühlt sich mit der Erziehung ihrer Kinder überfordert. Im Erziehungsalltag erscheint die psychische *Gewalt als Erziehungsmaßnahme* getarnt und wird als solche umgedeutet, da Eltern wie auch Beobachter in ihrem Verhalten häufig gar keinen Bezug zur Gewalt sehen.

Das bedeutet, dass diese Form der Gewaltausübung nicht in Widerspruch zu allgemein akzeptierten gesellschaftlichen Werten und Normen steht. Gäbe es ein Spannungsverhältnis zu gesellschaftlichen Normen, dann würde das Gewalthandeln durch die Öffentlichkeit verurteilt und der Einzelne wäre gezwungen, sein Erziehungsverhalten (zumindest in der Öffentlichkeit) zu überprüfen und zu verändern.

Dieses Ziel sollte mit der groß angelegten Kampagne des Bundesfamilienministeriums unter dem Motto „Mehr Respekt vor Kindern" angestrebt werden. Die Kampagne diente vor allem der Informationsvermittlung durch verschiedene Medien; so wurden Anzeigen geschaltet, ein Fernsehspot produziert und Plakataktionen durchgeführt, die auf Veränderungen des Erziehungsverhaltens abzielten. Die Botschaft war deutlich: Gewalt an Kindern ist ein gesellschaftlich nicht akzeptiertes Verhalten. Der Fokus der Medien lag dabei eindeutig auf der Ächtung physischer Gewaltanwendung.

Was als Gewalt gilt, ist nach wie vor eine Frage des sozialen Hintergrundes und der eigenen Interpretation. Da die Bezugsschemata, d.h. die eigenen Alltagstheorien von Erziehung, elterlicher Sorge und

Gewalt, durch die individuelle Sozialisation und die soziokulturelle Umwelt geprägt sind, wird eine immer noch autoritär denkende Gesellschaft extrem angepasste und besonders brave Kinder nicht als Opfer wahrnehmen, sondern den Eltern eine Anerkennung ihrer „erzieherischen Leistungen" zuteil werden lassen.

Im Rahmen einer Evaluationsstudie zu einem Elternkurskonzept an der Fachhochschule Köln (Tschöpe-Scheffler 2003) wurden Eltern Fallbeispiele mit Konfliktsituationen im Erziehungsalltag vorgelegt. Sie wurden gebeten, unter mehreren von der Forschungsgruppe vorgegebenen Lösungsstrategien zu wählen. Bei dem Angebot von drei bis vier Lösungsbeispielen gab es immer eines, in dem ein Konfliktfall mit psychischer Gewalt gelöst wurde. Die Eltern sollten die Lösung ankreuzen, die sie am ehesten in ihrem eigenen Erziehungsalltag anwenden würden. Sowohl in den von den Eltern zu wählenden vorgegebenen Antworten als auch in den Einzelinterviews entschieden sich vor Besuch des Elternkurses auffallend viele Eltern für Strategien, in denen psychische Gewalt zum Einsatz kam. Interessant daran war, dass sie diese von der Forschergruppe als psychische Gewaltanwendung definierten Konfliktlösungen (Missachtung, Demütigung, Liebesentzug, Ignoranz etc.) oft nicht als solche einstuften. Eine Mutter, die sich im Einzelinterview entschieden gegen Gewalt ausgesprochen hatte, löste ein Fallbeispiel, in dem ein Kind verspätet nach Hause kam, folgendermaßen: Sie sperrte das Kind für einen längeren Zeitraum im Zimmer ein. Dies hielt sie keineswegs für eine gewaltsame Erziehungsmaßnahme, sondern für eine klare, deutliche Grenzsetzung.

Diese Mutter gehört zur Mehrheit derjenigen, die die Frage, ob sie Gewalt in der Erziehung anwenden, verneinen würden. In einer Kinderbefragung, die im Rahmen einer Diplomarbeit an der FH Köln (Steinkühler 2002) mit Kindern durchgeführt wurde, gab ein Drittel auf die Frage, was für sie die schlimmste Strafe sei, Ignorieren und Missachtung an.

Psychische Gewalt wird demnach von Erwachsenen häufig unwillentlich und unbewusst ausgeübt und als sinnvolles Erziehungsverhalten deklariert. De Mause (1994) macht weniger die mangelnde Liebe als ein vielmehr unzureichendes Wissen über kindliche Entwicklungsphasen und Kommunikationszusammenhänge für den missachtenden Umgang mit Kindern verantwortlich. Eltern sind dagegen der Meinung, genau so müsse erzogen werden, da sie selbst schließlich auch so erzogen worden seien, und bestätigen dadurch ihre „Alltagstheorien" über Erziehung. Neben der von vielen Eltern gewünschten Unterstützung muss ein allgemeines, gesellschaftlich anerkanntes „Anti"-Gewaltbewusstsein existieren, um das Problem der psychischen Gewalt im eigenen Verhalten erkennen und angehen zu können. Medien könnten dieses Bewusstsein entscheidend unterstützen. Dies ist aber gerade bei psychischer Gewalt gegen Kinder nicht der Fall. Nach einer österreichischen Studie, deren Ergebnisse auch bei uns als signifikant gelten können, ist Gewalt gegen Kinder kein Medienthema bzw. eines, das großen Einschränkungen unterliegt (Funk, Schmitt 2001, 18/19).

Nach wie vor wird Gewalt im Erziehungsalltag noch von vielen Kindern als Realität erlebt. Diese Kinder nehmen somit in ihr Alltagswissen auf, dass ein entwürdigender, missachtender Umgang miteinander bzw. Kindern gegenüber eine angemessene, von vielen Erwachsenen respektierte Verhaltensweise ist. Dadurch wächst die Unfähigkeit, in entscheidenden Situationen der eigenen Wahrnehmung zu trauen. Das Kind lernt Verhaltensmuster als normal hinzunehmen, die Respekt und Achtung vermissen lassen und wird voraussichtlich selbst Interaktionsformen übernehmen, die von psychischer und physischer Gewalt geprägt sind.

6.2 Gestörte Partnerbeziehung

Erwachsene sind selten dazu fähig, zwischen einer gestörten Partnerbeziehung und dem Eltern-Kind-Verhältnis zu differenzieren. Beide sozialen Subsysteme beeinflussen sich wechselseitig stark. Das Kind gerät in Krisenzeiten der Elternbeziehung leicht zwischen die Fronten. Beziehungsprobleme der Eltern sind Ursachen, die spezifische Formen der psychischen Gewalt mit sich bringen können. Es bestehen komplexe Zusammenhänge zwischen der Partnerbeziehung der Eltern, dem Erziehungsstil und der Kindesentwicklung. Die Partnerbeziehung beeinflusst den Erziehungsstil, der wiederum auch für die Entwicklung des Kindes in der Familie maßgeblich ist. Die Kindesentwicklung hat wiederum Einfluss auf die Beziehung der Eltern und den Erziehungsstil. Zur Verdeutlichung solch eines transaktionalen Zusammenhangs ist die Betrachtung des „Sündenbockmusters" (Honkanen-Schobert, Jennes- Rosenthal 2000, 124 f.) geeignet. Hierbei verschieben die Eltern einen ehelichen Konflikt, der die Paarbeziehung gefährdet, durch Projektionen ihrer eigenen Spannungen auf das Kind. Die Konflikte in der Paarbeziehung werden durch die „Probleme" des Kindes überlagert. Die Symptome, zu denen Entwicklungsverzögerungen und Verhaltensauffälligkeiten zählen, die das Kind dann tatsächlich mit der Zeit entwickelt, erhalten die Funktion der Regulierung bzw. Stabilisierung des Elternsystems. Die Eltern haben die Möglichkeit, eine Koalition gegen das Kind zu bilden, ihren Konflikt in den Hintergrund treten zu lassen und somit ihre Paarbeziehung nicht zu gefährden. Dies ist nur ein Beispiel dafür, wie das Kind, beruhend auf einer fehlenden Differenzierung von Paarebene und Elternebene, von den Eltern emotional gebraucht (bzw. missbraucht) wird.

Bei rund 49 % aller Ehescheidungen sind minderjährige Kinder betroffen (Statistisches Jahrbuch 2007). Ausschlaggebend für psychische Gewalt gegen Kinder in diesen Situationen – sowohl vor als auch nach der Scheidung – sind nicht die Familienstrukturänderungen selbst, sondern die Art und Weise, wie die Kinder in die Konflikte ihrer Eltern einbezogen werden. Für die Anpassung des Kindes an die neue Situation scheint es nicht so entscheidend zu sein, wie z.B. die Art des Sorgerechts geregelt ist, als vielmehr die Qualität der Familienbeziehung vor und nach der Trennung. Es ergeben sich drei verschiedene Möglichkeiten, wie Kinder mit Scheidungs- bzw. Trennungssituationen konfrontiert werden:

Im ersten Fall werden die Auseinandersetzungen der Eltern nicht vor den Kindern ausgetragen. Die Kinder werden weitmöglichst aus der Konfliktsituation der Eltern herausgehalten, und es findet eine Trennung von Paar- und Elternebene statt.

Im zweiten Fall werden Kinder zu Zeugen der elterlichen Auseinandersetzung, dies kann für sie sehr schockierend und mit großen Ängsten verbunden sein.

Im dritten und letzten Fall werden Kinder in die Auseinandersetzungen einbezogen und in einen Loyalitätskonflikt gestürzt. Ein Elternteil – oder beide – fordern, dass das Kind sich einer Seite zuordnet und Partei ergreift. Diese Situation ist für das Kind sehr belastend, da es normalerweise zu beiden Elternteilen eine emotionale Bindung hat. Der Druck auf das Kind, sich zwischen den Eltern „entscheiden" zu müssen, stellt psychische Gewalt dar, da die Gefühle des Kindes missachtet werden. Die Eltern versuchen, mit dem Kind ihre Interessen durchzusetzen, indem es als Druck- oder Kampfmittel gegen den anderen verwendet wird. Die Paar- und Elternebenen werden zu Lasten des Kindes vermischt.

Diese Konfliktsituation kann sich auch nach der Scheidung weiter fortsetzen. Der Kinderpsychiater R.A. Gardner (Gardner 1998) führte für die gesamte Symptomatik, die durch die Manipulation des Kindes zur Parteinahme zu einem Elternteil entsteht, den Begriff „Parental Alienation Syndrom" (PAS) ein, der sich mit „elterlichem Entfremdungs-Syndrom" oder mit „induzierter Eltern-Kind-Entfremdung" übersetzen lässt. Das Kind wird durch bewusste oder unbewusste Manipulation dazu angehalten, den anderen Elternteil herabzusetzen. Mit diesem Mittel will der beeinflussende Elternteil seine Beziehung zum Kind stärken. Das Syndrom äußert sich in seiner ausgeprägtesten Manifestation so, dass das Kind den manipulierenden Elternteil als nur positiv und den anderen als nur negativ sieht. Angst spielt bei diesem Vorgang eine entscheidende Rolle: Das Kind fürchtet, die Zuwendung des manipulierenden Elternteils (bei dem es oft auch lebt) zu verlieren, wenn es sich nicht gegen den „verhassten" Partner stellt. Dem Kind wird die Freiheit genommen, den anderen Elternteil lieben zu dürfen.

Eine Scheidung als solche ist bereits belastend: durch finanzielle Verschlechterung, Änderung des sozialen Umfelds (z.B. durch Umzug), Trennung von einem Elternteil, Verminderung der Aufmerksamkeit durch Problembewältigung und evtl. durch den Beginn einer Erwerbstätigkeit des oder der Alleinerziehenden. Dies alles geschieht zu einem Zeitpunkt, zu dem das Kind auf besondere Aufmerksamkeit angewiesen ist, um den Trennungsschmerz bewältigen zu können. Es handelt sich deutlich um psychische Gewalt, wenn der „Beziehungskrieg" auf dem Rücken des Kindes ausgetragen wird. Es liebt beide Eltern; das Bedürfnis, zu Vater und Mutter eine gute Beziehung zu haben, wird nicht akzeptiert, da die Konfliktsituation des Paares auf die Elternebene ausgedehnt wird. Die psychische Gewalt in Form der Missachtung der Bedürfnisse des Kindes dient als Konfliktbewältigungsversuch und soll eine harmonische (Rest-)Familie herstellen.

Auch die körperliche Gewalt zwischen Partnern in einer Familie betrifft die Kinder. Es geht hierbei nicht nur um das Ausmaß männlicher Gewalt, auch wenn in der Partnerschaft überwiegend Männer die körperlich gewalttätig Handelnden sind. Die Kinder trifft Partnergewalt in vier verschiedenen Gewaltformen: Zeugung durch Vergewaltigung, Misshandlung der Mutter während der Schwangerschaft, direkte Gewalterfahrung als Mit-/Geschlagene und Aufwachsen in einer Atmosphäre der Gewalt und Demütigung. Wenn Kinder in einem Klima der Gewalt aufwachsen und leben müssen, trifft sie diese Gewalt immer als implizite Gewaltdrohung, auch wenn sie nicht Opfer direkter körperlicher Misshandlung sind. Kinder sind in mehreren Punkten durch Gewalt der Eltern untereinander betroffen: In 80-90% der Fälle werden Kinder Zeugen. Sie erleben mit, wie der Vater oder Partner die Mutter schlägt, beschimpft, bedroht oder vergewaltigt. Die Kinder dienen als Stütze der misshandelten Mutter, indem sie diese trösten und wieder aufbauen. Um nicht Anlass für weitere Konfliktsituationen zu bieten, verhalten sich die Kinder oft unauffällig. Außerdem helfen sie der Mutter, wenn möglich, bei der Bewältigung ihrer täglichen Aufgaben, wie z.B. bei der Betreuung der kleinen Geschwister.

Ein weiteres Problem ist das Fehlen elterlicher Kompetenz und Sicherheit. Gegenüber einem die Mutter misshandelnden Vater kann auch das Kind kein Vertrauen aufbauen. Gerade angesichts solcher Gewalt wird dem Kind die eigene Hilflosigkeit bewusst. Die Mutter kann aufgrund der Gewaltfolgen das Kind häufig nicht angemessen versorgen. Somit stehen oft weder Vater noch Mutter konstant als Bezugspersonen zur Verfügung. Das Kind muss mit der Angst vor dem Verlust durch Trennung, Selbstmord oder Mord eines Elternteils allein zurechtkommen. Es entstehen Situationen, in denen die Mutter z.B. vor dem Vater flieht und das Kind zurücklässt bzw. nicht mitnehmen kann. Das Kind wird in einer sehr beängstigenden Lage mit dem gewalttätigen Vater allein gelassen. Einige Väter benutzen das Kind als Druckmittel gegen „ihre" Frauen.

Das Kind ist in solch massiven Partnerkonflikten auf unterschiedlichste Weise psychischer Gewalt ausgesetzt. Es wird mit expliziten wie auch impliziten Gewaltandrohungen konfrontiert, was für Kinder entwicklungshemmende Auswirkungen haben kann.

6.3 Nichtkonstruktive Konfliktlösungen und Stress

Konflikte im Erziehungsalltag sind vorwiegend interpersonaler Art, im Vordergrund steht die Unvereinbarkeit verschiedener Motive und gegensätzlicher Interessen der beteiligten Personen: „Ein interpersonaler Konflikt liegt dann vor, wenn eine Partei Verhaltenstendenzen verfolgt, die mit den Verhaltenstendenzen einer anderen Partei nicht zu vereinbaren zu sein scheinen" (Müller-Fohrbrodt 1999, 17).

Diese Definition beinhaltet, dass ein Konflikt auch dann vorliegen kann, wenn nur eine Person ein Verhalten als nicht zumutbar empfindet. Wünsche, Interessen, Meinungen, Werte und Sympathieempfindungen können als unvereinbar erlebt werden.

Im Erziehungsalltag kann es zu unterschiedlichen Formen von Konflikten zwischen Eltern und Kindern kommen, die in vier verschiedene Konflikttypen (vgl. Müller-Fohrbrodt 1999, 26-41) unterteilt werden können: den Faktenkonflikt, den Interessenkonflikt, die Bewertungsunvereinbarkeit und die Personenunvereinbarkeit.

- Ein *Faktenkonflikt* besteht, wenn unvereinbare Behauptungen aufeinandertreffen. Die Behauptung der anderen Person wird als falsch bzw. nicht wahr charakterisiert.
- Ein *Interessenkonflikt* kann dann auftreten, wenn die bestehenden Bedürfnisse und Interessen des Kindes nicht mit denen der Eltern zu vereinbaren sind. Im erzieherischen Machtgefälle besteht die Möglichkeit, dass die Bedürfnisse, Wünsche und Interessen der Kinder von den Eltern als illegitim dargestellt und dann übergangen werden.
- Wenn Dinge, Verhaltensweisen, Ideen, Eigenschaften und auch Wertkonzepte der anderen Person als schlecht bzw. nicht wertvoll eingeschätzt werden, besteht der *Konflikt in einer Bewertungsun-*

vereinbarkeit. Da Werte eng mit dem Selbstbild und der eigenen Identität verwoben sind, bedeuten Konflikte auf dieser Ebene immer eine große Unsicherheit und Spannung.

Diese drei genannten Konflikttypen betreffen die Inhaltsebene.

- Bei der *Personenunvereinbarkeit* betrifft der Konflikt die Beziehungsebene, die durch die Dimensionen „sympathisch – unsympathisch" und „gemocht – nicht gemocht" geprägt ist. Ein Konflikt auf der Beziehungsebene kann zwar auch dadurch ausgelöst werden, dass eine Person Vorannahmen überträgt, die durch vorherige Erfahrungen mit anderen Menschen entstanden sind, aber sehr häufig werden Konflikte aus anderen Bereichen auf die Beziehungsebene verlagert. Dies geschieht zum Beispiel, wenn der anhaltende Streit dazu führt, dass sich die Partner zutiefst ablehnen.

Psychische Gewalt kann eine Form der unkonstruktiven Konfliktbearbeitung sein, dann nämlich, wenn Konflikte durch offene oder verdeckte Machtmittel (Zwang, Drohung, Manipulation) der Eltern bearbeitet werden und diese ihre Anliegen, Interessen, Meinungen, Wertsetzungen oder „Wahrheiten" durchsetzen, ohne Rücksicht auf die Position des Kindes zu nehmen. Dies führt nicht zu einer Lösung des inhaltlichen Problems, sondern nur zu einer Verlagerung des Konfliktes auf die Eltern-Kind-Beziehung.

Weitere Aspekte, die Einfluss auf die Gewalt gegen Kinder haben, sind Reaktionen der Familie auf Veränderungen und Stress sowie die Bewältigungsstrategien, die ihr zur Verfügung stehen, um mit diesen Schwierigkeiten umzugehen. Negativ eingeschätzter Stress äußert sich in gefühlsmäßigen Belastungen wie unangenehmen Spannungen, Erregung, Unruhe, Ärger, Ängsten und Enttäuschungen. Familienstress bedeutet „Druck oder Spannung im Familiensystem" (Schneewind 1999, 101).

Ein stressauslösendes Ereignis (Stressor) wird als „... ein auf die Familie einwirkendes Lebensereignis oder Übergangsstadium, das im sozialen System der Familie Veränderung hervorruft bzw. das Potenzial zur Veränderung in sich trägt" (Hofer, Klein-Allermann, Noack, 1992, 24) definiert.

Eine Veränderung in der Familie kann sich z.B. im veränderten Erziehungsverhalten, in neuen Familienzielen oder in einer neuen

Rollenverteilung äußern. Der Erziehungsalltag bleibt von Stressbelastungen nicht verschont. Durch diese Stressoren werden die
Kompetenzen der Eltern (über-)beansprucht, und das Kind wird dann
noch als zusätzlicher Stressfaktor empfunden. Es besteht die Gefahr,
dass unter „Druck" stehende Eltern das familiäre Gleichgewicht mit
Gewalthandeln wiederherstellen wollen. Stress erhöht das Konflikt-
potenzial in einer Familie. Personen, die unter Stress stehen, werden
Verhaltenstendenzen anderer eher als störend und somit unvereinbar
mit eigenen Bedürfnissen einstufen. Der doppelte Druck von Konflikten
und Stress führt leicht zu unkonstruktiven Konfliktbearbeitungsformen,
da diese auf den ersten Blick schnell funktionieren. Gewalt wirkt primär
stressabbauend, man wird „Druck" los. Diese „Bewältigungsstrategie"
zur Normalisierung des Alltags kommt also nicht nur bei Konflikten,
sondern auch bei Familienstress zum Einsatz. Psychische Gewalt wird
durch die Eltern als eine Kompetenz erlebt, die zur Kontrollierbarkeit
dieser Situationen führt. Die Form der Stressbewältigung hängt in
entscheidendem Maße von der subjektiven und situationsabhängigen
Definition der Stressoren und den Ressourcen ab, die einer Familie
zur Bewältigung von Problemen zur Verfügung stehen. Stressoren
können als Herausforderung oder Belastung empfunden werden,
das wiederum hat einen großen Einfluss auf die angewandten Be-
wältigungsmechanismen.

Des Weiteren sind die Bewältigungsressourcen (Schneewind 1999,
102 f.), die einer Familie zur Verfügung stehen, von großer Bedeutung.
Individuelle Ressourcen einzelner Familienmitglieder sind: persönlicher Wohlstand, Bildungsniveau, gesundheitliches Wohlergehen und
psychische Voraussetzungen wie z.B. ein hohes Selbstwertgefühl, ein
geringes Ausmaß an Selbsterniedrigung oder Hilf- und Hoffnungslosig-
keit. Als familieninterne Ressourcen gelten insbesondere der familiäre
Zusammenhalt, die familiäre Anpassungsfähigkeit sowie die familiäre
Kommunikations- und Problemlösefertigkeit.

Das soziale Netz, in das die Familie eingebunden ist, z.B. Nachbarn,
Freunde, Verwandte, Vereine, Netzwerke und Institutionen, spielt ebenfalls
eine entscheidende Rolle bei der Bewältigung von Stress, da hierdurch
soziale Unterstützung ermöglicht wird. Dies geschieht durch emotionalen
Beistand und Ratschläge, tatkräftige Unterstützung in Alltagsproblemen,

durch materielle Unterstützung und Verfügbarkeit von Menschen oder Institutionen, die neue Bewältigungsmöglichkeiten erschließen.

Gewalt wird eher bei einem hohen Grad an Stress bzw. einer Kumulation von Stressfaktoren eingesetzt. Familien mit geringen Stressbelastungen sind vergleichsweise weniger gewaltgefährdet, wie empirische Arbeiten im Umfeld des österreichischen Sozial- und Generationenministeriums nachweisen konnten (Bundesministerium für Soziale Sicherheit und Generationen 2001, 29).

Zu Stressfaktoren, die in besonderem Maße mit Gewalt in Verbindung gebracht werden, zählen: ein niedriges Familieneinkommen, eine geringe Bildung der Eltern, Arbeitslosigkeit, beengte Wohnverhältnisse, ungewollte Schwangerschaft, Probleme am Arbeitsplatz und in der Familie, Alkohol- oder Drogenkonsum und Trennung oder Scheidung der Eltern. Psychische Gewalt gegen Kinder ist ein Zeichen dafür, dass der Druck des Stresses, der auf die Familie bzw. die Eltern wirkt, als belastend erlebt wird, und diese dann den Druck mit der Gewalt als Bewältigungsmaßnahme verringern wollen. Psychische Gewalt kommt als (dysfunktionale) Bewältigungsform von Stress dann zum Einsatz, wenn Eltern keine anderen geeigneten Bewältigungsmöglichkeiten zur Verfügung stehen oder sie diese für ungeeignet halten.

Bewerten Eltern das Verhalten ihres Kindes als einen belastenden Stressor, werden sie mit einer dieser kognitiven oder verhaltensmäßigen Bemühungen auf sein Verhalten reagieren. Einige dieser Bewältigungsmaßnahmen sind jedoch in vielen Situationen für den Erziehungsalltag ungeeignet. So können sich Flucht und Vermeidung als Versuch, sich vor dem „stressigen Kind" zu schützen, beispielsweise zu der psychischen Gewaltform „Abwesenheit" entwickeln. Die Eltern sind emotional nicht mehr verfügbar, und das Kind empfindet das distanzierende Verhalten als Ablehnung.

Prävention psychischer Gewalt muss demnach sowohl beim Aufbau konstruktiver Kommunikationsstrukturen als auch beim Ausbau geeigneter Stressbewältigungsmaßnahmen im Erziehungsalltag und im Abbau von familienbelastenden Stressoren ansetzen.

6.4 Auswirkungen von Gewalt auf das Kind

Das Erleben psychischer Gewalt im Erziehungsalltag kann das Kind massiv beeinträchtigen. Entscheidend für die Auswirkungen sind die Intensität der Gewalt, der Entwicklungsstand des Kindes und die Ressourcen, die ihm zur Bewältigung zur Verfügung stehen. Gewalt im Erziehungsalltag hat eine doppelt negative Auswirkung: Sie belastet das Kind und nimmt ihm gleichzeitig die Ressourcen, um mit dieser Belastung klarzukommen. Zu den familiären und sozialen Risikofaktoren der kindlichen Entwicklung zählen Konflikte der Eltern, Uneinigkeit in der Erziehung, ein inkonsequentes oder vorwiegend strafendes Erziehungsverhalten, Gewalt und Misshandlung in der Familie, eine sehr junge Elternschaft (vor dem 18. Lebensjahr) und ein niedriger sozioökonomischer Status. Psychische Widerstandsfähigkeit, die es ermöglicht, mit negativen Folgen von Stress und ungünstigen Lebensumständen unbeschadet umzugehen, wird bei Kindern durch folgende Faktoren gefördert: ein anregendes Erziehungsklima, ein günstiges Temperament, gute Problemlösefähigkeiten, ein positives Selbstwertgefühl, eine emotional sichere Bindung zu wenigstens einer Bezugsperson, soziale Unterstützung in der Familie und eine eindeutige Wertorientierung.

Es liegt der Schluss nahe, dass Kinder, die häufig mit Gewalt konfrontiert werden, wesentlich schlechter mit belastenden Lebensumständen umgehen können und eher körperliche und psychische Symptome entwickeln. Psychische Gewalt verhindert oder verringert ein positives Selbstwertgefühl, ein anregendes Erziehungsklima, eine gute und stützende Beziehung und zeigt dem Kind keine konstruktiven Problemlösungsstrategien auf. Eltern, die psychische Gewalt anwenden, beeinträchtigen nicht nur die Beziehung zwischen sich und dem Kind, sondern schädigen vor allem sein Selbstbild.

Zu diesen psychischen Störungen können gezählt werden (ebd. 126): Niedergeschlagenheit, Depression, Passivität und Freudlosigkeit, Gefühle der Hilflosigkeit und des Kontrollverlustes, externale Kontrollüberzeugungen; Verhaltensprobleme wie Wutanfälle, Delinquenz, Enuresis; soziale Kontaktstörungen wie Misstrauen, gehemmtes Verhalten, Schüchternheit, unsichere Bindungsmuster; Schulprobleme wie geringe Frustrationstoleranz, Eigensinn, geringer Ehrgeiz, aggressives und autoaggressives Verhalten; psychosomatische Beschwerden wie Schlafstörungen, Migräne, Essstörungen; psychiatrische Auffälligkeiten wie Zwangsstörungen, Persönlichkeitsstörungen, Suchterkrankungen.

Die Klinik für Psychiatrie und Psychotherapie des Kindes- und Jugendalters im Universitätsklinikum Frankfurt (www.kinderpsychiater.org/tmonat2-2000html) gibt als häufigste Umfeldeinwirkungen, die bei behandelten Kindern mit aggressivem Verhalten vorkommen, folgende Kategorien an:

- Mangel an Wärme in der Eltern-Kind-Beziehung (47 %),
- unzureichende elterliche Aufsicht und Steuerung (39 %),
- feindliche Ablehnung, Sündenbockzuweisung durch die Eltern (27 %),
- Erziehung, die eine unzureichende Erfahrung vermittelt (21 %),
- feindliche Ablehnung durch Lehrer/Ausbilder (18 %),
- allgemeine Unruhe in der Schule (13 %),
- körperliche Kindesmisshandlung (9 %).

Psychische Gewalt gegen Kinder in der Familie, ebenso wie andere Gewalthandlungen, sind keine plötzlich auftretenden Ereignisse, sondern haben gesellschaftliche, familiäre und persönliche Hintergründe. Gewalt und Vernachlässigung sind nicht Ursache, sondern Ausdruck einer Störung des einzelnen Menschen, seiner sozialen Beziehungen oder des ganzen Familien- und Gesellschaftssystems. Es sind also meist verschiedene Faktoren, deren Zusammenspiel Gewalt gegen Kinder erzeugt.

So spielen auch fortbestehende, unbefriedigte kindliche Bedürfnisse der Eltern bei der Entstehung von Gewalt in der Familie eine wesentliche Rolle. Das Kind wird von den Eltern damit „beauftragt", diesem Mangel abzuhelfen. Es soll dem Leben der Eltern Sinn geben und für Demütigungen und Enttäuschungen entschädigen. Das Kind wird von den Eltern als narzisstisches Objekt besetzt, wenn diese auf der Suche nach narzisstischer Befriedigung – nach Geltung, Macht, Liebe und Ansehen – sind. Für das Kind bedeutet dies, dass die Eltern es nicht als „ Zentrum seiner eigenen Aktivitäten" (Miller 1983, 58) erleben, sondern als einen Teil von sich. Es kommt zu einer sogenannten „fusionär-narzisstischen Beziehung" zwischen

Eltern und Kind. Das Kind wird aufgrund seiner an die Bezugsperson angepassten Verhaltensweisen geliebt, nicht um seiner Person willen. Ihm wird seine eigene Subjektivität abgesprochen. Bereits dies bedeutet, dass seine individuellen emotionalen Bedürfnisse von dem narzisstischen Elternteil nicht genügend wahrgenommen werden. Besonders gewaltgefährdet ist das Kind dann, wenn es sich nicht so verhält, dass es den kompensatorischen Größen- und Fusionsvorstellungen des Elternteils entspricht, denn dies löst Enttäuschung oder Wutgefühle bei diesem aus. Je abhängiger das Selbstwertgefühl des Elternteils von dem Verhalten des Kindes ist, desto gefährdeter ist das Kind, (psychischer) Gewalt ausgesetzt zu werden. Die Gewalt wird als „Erziehungs"-maßnahme zur Erzwingung des gewünschten Verhaltens eingesetzt. In den meisten Fällen geschieht dies unbewusst, ohne dass den Eltern in diesem Zusammenhang klar ist, weshalb ihnen das geforderte Verhalten so wichtig ist. Die Verletzungen und Demütigungen, die den Eltern in ihrer Kindheit angetan wurden, rächen diese wiederum an ihren Kindern – so besteht ein Teufelskreis (vgl. Miller 1983, 48).

Allerdings stehen diesem Erklärungsmuster ausreichende Belege gegenüber, die zeigen, dass auch Personen mit belastenden Kindheitserfahrungen dem eigenen Kind durchaus ein förderndes, verlässliches Zuhause bieten können (vgl. Göppel 1998, 230).

Erfahrungen von Gewalt in der Kindheit ermöglichen eine Entwicklung, deren Richtung nicht automatisch festgelegt ist. Es kommt in starkem Maße auf die Offenheit der Person an, inwiefern alte Erfahrungen durch neue, möglichst positive Erlebnisse kompensiert werden können, die das Selbstwertgefühl steigern. Nicht die Kindheitserfahrungen der Eltern, sondern die – möglicherweise daraus resultierende – fehlende Offenheit begünstigt die (psychische) Gewalt gegen Kinder. „Offene" Eltern haben die Möglichkeit, auch offen mit ihren Problemen umzugehen und diese nicht auf die Kinder zu übertragen. Diese These wird auch von den Psychologen Reinhard und Anne-Marie Tausch gestützt, die darauf hinweisen, dass ein selbstbestimmtes verantwortliches Handeln dadurch gefördert wird, dass sich die Menschen mit ihren Erfahrungen, ihrem Erleben und ihrem Verhalten auseinandersetzen. Dadurch kann es zur Korrektur, Klärung oder Bestätigung ihres Handelns oder ihrer Wertungen kommen (vgl. Tausch, Tausch 1991, 68).

Offenheit ermöglicht neue und somit auch gute Erfahrungen und vermag auf diesem Wege Kindheitstraumata teilweise auszugleichen. Ferner erleichtert sie die Auseinandersetzung mit dem Thema Gewalt und kann Eltern bewusst einen anderen Weg einschlagen lassen: „Die Ergebnisse der Bindungsforschung zeigen (...), dass die Art und Weise, wie die eigene Bindungsgeschichte beim Erwachsenen psychisch repräsentiert ist, d.h., wie offen, unbefangen und differenziert er sich damit auseinandersetzen kann bzw. welches Maß an Konflikthaftigkeit, Abwehr, Idealisierung und Verdrängung dabei im Spiel ist, von großer prognostischer Bedeutung dafür ist, ob sich eine harmonische und befriedigende Beziehung zum eigenen Kind entwickeln kann" (Göppel 1998, 230).

Im Hinblick auf diese Faktoren scheint es darum besonders wichtig, im Zusammenhang mit der Frage nach der Qualität von Präventionsmaßnahmen darauf hinzuweisen, wie bedeutungsvoll die Möglichkeit zur Selbsterkenntnis und Selbsterfahrung für Eltern gerade auch im Hinblick auf deren Bindungsgeschichte ist.

6.5 Formen entwicklungshemmenden Erziehungsverhaltens

Im Folgenden soll nun verdeutlicht werden, wie sich die Formen der psychischen Gewalt im Umgang mit Kindern als Erziehungsverhalten darstellen. Da die beschriebenen unterschiedlichen Formen psychischer Gewalt im Erziehungsalltag in den Interaktions- bzw. Kommunikationsformen zwischen Eltern und Kindern sichtbar werden, soll der Zusammenhang zwischen psychischer Gewalt und der Ausprägung bestimmter Kommunikationsstile hier dargestellt werden. Im alltäglichen Leben liegt keine klare Trennung der einzelnen Ausprägungsformen vor; viele sind in unterschiedlichen Graduierungen miteinander kombiniert, andere sind gar nicht voneinander getrennt anzutreffen. *Missachtung* ist beispielsweise jeder anderen Form der psychischen Gewalt übergeordnet, denn auch *Ablehnung, Abwesen-*

heit, Dirigismus oder Überbehütung beinhalten die Missachtung von Gefühlen oder Bedürfnissen des Kindes. In diesem Kapitel werden die entwicklungshemmenden Verhaltensweisen der besseren Übersichtlichkeit wegen als eigene Ausprägungsformen dargestellt.

Entwicklungshemmendes Verhalten ist als psychische Gewalt zu verstehen, die in den Polaritäten von einem „Zuviel" oder einem „Zuwenig" an Nähe, Distanz, emotionaler Befriedigung, Förderung, Schutz, Sicherheit und Annahme zu finden ist (Tschöpe-Scheffler 2005).

Die Ausübung psychischer Gewalt findet immer auf der *Kommunikationsebene* statt. Wenn das Kind beispielsweise angeschwiegen und der Blickkontakt vermieden wird, vermittelt man damit unter anderem ein „Zuwenig" an Nähe und Achtung. „Sobald der Mensch zur Welt gekommen ist, ist Kommunikation der einzige und wichtigste Faktor, der bestimmt, welche Arten von Beziehungen er mit anderen eingeht und was er in seiner Umwelt erlebt" (Satir 2000, 49). Psychische Gewalt wirkt besonders durch die Beziehungsaspekte von Kommunikationsbotschaften, da diese entscheidend die Gefühle des Kindes nähren und das Selbstwertgefühl wesentlich aus ihnen resultiert. Durch die Art, wie das Kind von den Eltern verbal oder nonverbal angesprochen (und behandelt) wird, erfährt das Kind, wie die Eltern zu ihm stehen.

In den folgenden Beschreibungen der Gewaltformen werden die unterschiedlichen Beziehungsbotschaften der Eltern an die Kinder zur Verdeutlichung extrem formuliert. Diese treten im Erziehungsalltag meist nicht so eindeutig, sondern als Mischformen auf.

6.5.1 Unterbehütung und Ablehnung (emotionale Kälte)

Unterbehütung bedeutet, dass ein Mangel an Fürsorge, Schutz, emotionaler Stützung, Nähe und Verantwortung dem Kind gegenüber besteht. Der Erwachsene lehnt das Kind offen ab, ignoriert es und zeigt Desinteresse an der Persönlichkeit des Kindes und dessen Verhalten. Er verhält sich kühl, abweisend und distanziert sich von den Belangen des Kindes. Er ist wenig anteilnehmend und vermeidet Körperkontakt. Bedürfnisse des Kindes werden weder gesehen noch wird auf sie eingegangen. Das Kind wird physisch, psychisch und/oder sozial vernachlässigt.

Auch werden dem Kind häufig zu wenige Orientierungshilfen geboten. Unterbehütung geht oft mit Missachtung und Ablehnung des Kindes einher und kann durch die Hilflosigkeit eines Elternteils hervorgerufen werden. In diesem Fall beruht die Unterbehütung auf einem bedürftig-abhängigen Kommunikationsstil der Eltern. Hierbei wird dem Kind signalisiert, dass es stark und kompetent sein muss und von ihm verlangt wird, diesen Elternteil zu unterstützen und zu beschützen. Ein Elternteil vermittelt dem Kind, dass er auf es ange-wiesen ist, es alleine nicht schaffen wird und der Welt nicht gewach-sen ist. Durch direkte und verdeckte Appelle wird das Kind darauf hingewiesen, dass es für die Eltern sorgen muss und verantwortlich ist. Die Bedürfnisse des Kindes nach Schutz und Fürsorge sowie nach Spiel und Freiheit kommen dabei zu kurz. Das Kind wird von den Eltern zur Erfüllung ihrer eigenen Fürsorgebedürfnisse oder zur Erledigung ihrer Erwachsenenaufgaben eingesetzt und durch diese Anforderungen überfordert. Häufig wird es auch durch das Erzeugen von Schuldgefühlen manipulativ in die Rolle des Helfers und Beschüt-zers gedrängt. Hierbei betonen Eltern beispielsweise ihre Schwäche und Hilflosigkeit und werfen dem Kind Egoismus vor, wenn es nicht wie gewünscht hilft. Eine typische Situation, in der es zu Unterbehü-tung kommt, ist die Abhängigkeit eines Elternteils von Drogen oder Alkohol, denn süchtige Menschen agieren oft in der Familie tyrannisch oder schwach hilflos. Das Kind muss Rollen übernehmen, denen der Elternteil auf Grund seiner Bedürftigkeit nicht gewachsen ist, wie z.B. die Rolle des Familienoberhaupts, in der es die Haushaltsführung oder die Betreuung von Geschwistern auferlegt bekommt. Kinder von Abhängigen müssen sehr schnell „erwachsen" werden, da sie sich selbst überlassen sind und oft noch die Sorge für den abhängigen Elternteil zu übernehmen haben. Eng verbunden mit der Bedürftigkeit und Abhängigkeit der Eltern ist das Schuldgefühl des Kindes, wenn es den gestellten Aufgaben nicht gewachsen ist oder glaubt, für die Lage der Eltern mitverantwortlich zu sein.

Eine weitere Situation, in der Kinder mit dieser Form der psy-chischen Gewalt konfrontiert werden, ist die psychische Erkrankung eines Elternteils. Auch hier wird häufig von dem Kind die Übernahme von übermäßig viel Verantwortung und Sorge verlangt, umgekehrt sind Schutz, Fürsorge und Verantwortung der Eltern für das Kind vermindert.

Auch die Abwesenheit eines Elternteils kann als psychische Gewalt gegenüber Kindern definiert werden. Hier geht es um die nicht vorhandene emotionale Verfügbarkeit eines Elternteils, wobei er physisch durchaus anwesend sein kann, jedoch als Bezugsperson nicht zur Verfügung steht. Für das Kind bedeutet dies eine emotionale Vernachlässigung und unter Umständen sogar eine Isolation in der eigenen Familie, wenn nicht eine ausgleichende Bezugsperson kompensierend einwirkt. Dem Kind wird keine Orientierung geboten, und es wird emotional alleine gelassen. Die ständige oder häufige Ablehnung des Kindes durch die Eltern ist psychische Gewalt, denn dem Kind wird die lebensnotwendige emotionale Wärme vorenthalten, auf die es gerade durch die Eltern, die ja meistens seine engsten Bezugspersonen darstellen, angewiesen ist. Ein Kind muss sich als Person, als unverwechselbares Individuum „gemocht" und wertgeschätzt fühlen, doch dies ermöglichen ablehnende Erwachsene gerade nicht. Ihr Verhalten dem Kind gegenüber ist durch einen sich distanzierenden Stil und Missachtung geprägt. Der distanzierende Kommunikationsstil sorgt dafür, dass das Kind auf einem „gebührenden" Abstand gehalten wird. Dies geschieht mit unterschiedlichen Methoden, beispielsweise kann die Distanz durch Unterlassung von Körperkontakt und räumlicher Trennung („Das Kind gehört in sein Kinderzimmer") hergestellt werden. Sachverhalte und Fakten werden in der Kommunikation in den Vordergrund gestellt. Dem Kind wird auf der Beziehungsebene signalisiert, dass es viel zu anhänglich und emotional ist und den Eltern nicht zu „nahe" kommen soll (vgl. Schulz von Thun 200, 194 f.).

Das Kind erfährt durch die Eltern keine Geborgenheit. Kombiniert mit Missachtung wird ihm vermittelt, dass die Eltern sich distanziert verhalten, weil seine Person nicht liebenswert ist. Jede Ablehnung und Zurückweisung, die von einer geliebten Person ausgeht, ist schmerzlich. Sie kann das Kind in den verschiedensten Situationen und Entwicklungsstufen treffen. Beispielsweise können Eltern ihrem Säugling die benötigte Zuwendung und Anteilnahme geben, jedoch auf ihr „trotziges" Kleinkind mit massiver Ablehnung reagieren. In diesem Fall können sie ein bestimmtes Verhalten ihres Kindes nicht akzeptieren. Ablehnung als psychische Gewalt beinhaltet jedoch nicht nur die Ablehnung eines Verhaltens, sondern der ganzen Person. Es findet keine Trennung der Verhaltensebene und der Person statt. Somit wird dem Kind vermittelt: „Du bist nicht o.k.", anstatt „Dein Verhalten ist nicht o.k." (Sätze, wie sie in der Transaktionsanalyse gebräuchlich sind; vgl. Harris 1975).

Dies hat Auswirkungen auf das *Selbstkonzept des Kindes*: „Das Selbstkonzept einer Person wird ebenso wie die Selbstachtung wesentlich bestimmt durch die Art, wie andere Menschen die Person wahrnehmen und behandeln. Insbesondere sind entscheidend Achtung – Wärme oder Missachtung – Kälte von Eltern, Kindergärtnerinnen und Lehrern" (Tausch, Tausch 1991, 61). Wenn Eltern ihr Kind ablehnen, spürt dies das Kind, und es wird diese Ablehnung in sein Selbstkonzept integrieren.

6.5.2 ÜBERBEHÜTUNG

Das Selbstkonzept eines Kindes bestimmt auch dessen Verhalten. Einerseits wird dieses Selbstkonzept durch die Eltern und ihre Kommunikation mit dem Kind geprägt, andererseits spielt die Selbsterfahrung des Kindes in bestimmten Situationen seiner Lebensbewältigung eine wichtige Rolle. Durch Überbehütung wird dem Kind in vielen Situationen, die es eigentlich selbst bewältigen müsste, die Möglichkeit dazu genommen. So werden ihm viele Chancen vorenthalten, sich selbst als kompetente Persönlichkeit in anspruchsvollen Situationen zu erleben und zu entwickeln. Zusätzlich vermitteln die Eltern dem Kind durch Beziehungsbotschaften, kein Vertrauen in seine Fähigkeiten zu haben, und unterstreichen seine Hilfsbedürftigkeit auch in Situationen, die das Kind alleine meistern könnte. Der Handlungsraum des Kindes wird überwacht und eingeschränkt, seine Autonomie stark behindert, und es hat somit nicht die Gelegenheit, eigene Kräfte und Fähigkeiten zu entdecken.

Überbehütung ist auch eine Form psychischer Gewalt, kann aber aus dem an sich ehrbaren Motiv resultieren, dem Kind Schutz und Fürsorge bieten zu wollen. Das Problem ist hier eine fehlende Offenheit der Eltern für die Bedürfnisse und die Entwicklungsnotwendigkeiten ihres Kindes. Was gestern noch Schutz war, kann morgen bereits Überbehütung sein und das Kind in seiner weiteren Entwicklung stören. Der überbehütende Erwachsene fordert Liebe und Körperkontakt ein. Er ge- bzw. missbraucht das Kind für seine eigene emotionale Befriedigung, hat Angst um das Kind und lässt ihm wenig Freiraum für dessen eigene Lebensgestaltung. Unter dem Motto „Ich will ja nur dein Bestes" werden Verhaltensweisen eingefordert, deren Nichteinhaltung das Gewissen des Kindes belastet, weil es die Mutter/den Vater persönlich kränkt. Die Fürsorge ist einengend, die Bindung überstark, der Erwachsene überschreitet emotionale Grenzen des Kindes. Oft beruht Überbehütung aber nicht nur auf den Ambitionen der Eltern, Schutz, Fürsorge und Hilfe bieten zu wollen, sondern ihre Interaktion mit dem Kind ist durch Kommunikationsstile geprägt, die sich in eine beweisende und eine kontrollierend-bestimmende Strömung unterscheiden lassen. Die beweisende Tendenz beruht auf der Annahme der Eltern, sie müssten fehlerlos sein. Dadurch, dass Eltern ihrem Kind wenig eigene Handlungsfreiheit lassen und dessen Probleme und Aufgaben unter dem Deckmantel der Hilfe lösen, können sie sich selbst und auch der Allgemeinheit zeigen, wie kompetent sie selber sind. Überbehütung entsteht in diesem Fall durch den Druck der Eltern, die meinen beweisen zu müssen, wie fürsorglich sie sind. Häufiger ist die überbehütende Beziehung der Eltern zum Kind jedoch durch einen kontrollierend-bestimmenden Kommunikationsstil geprägt. Die Beziehungsbotschaft an das Kind ist ein mangelndes Zutrauen in die kindlichen Fähigkeiten. Dem Kind werden nicht nur die lauernden Gefahren verdeutlicht, sondern auch die eigene Unfähigkeit sowie das mangelnde Vertrauen der Eltern in seine Fähigkeiten vorgehalten.

Überbehütung kann von Eltern auch eingesetzt werden, um das Kind an sich zu binden. Ein Kind, das nicht die Möglichkeit hat, eigene Autonomie zu entwickeln, wird von der Hilfe der Eltern im hohen Maße abhängig bleiben. Im Erziehungsalltag äußert sich Überbehütung zum Beispiel im Verbot der Ausübung altersgemäßer Tätigkeiten wie Treppen steigen, Fahrrad fahren, alleine draußen spielen oder bestimmten Sportarten nachgehen, weil diese angeblich zu gefährlich seien. Jugendliche dürfen abends nicht weggehen oder werden von den Eltern überall sicherheitshalber abgeholt. Diese häusliche Überbehütung bringt für das Kind unter Umständen neben der Handlungseinschränkung noch eine soziale Isolierung mit sich, da es häufig nicht an Spielen, Sportarten oder Vergnügungen der anderen teilnehmen darf oder sich auch nicht mehr traut. Zu Hause werden dem Kind viele Aufgaben abgenommen. Es entsteht ein Mangel an Lebenskompetenz und Autonomie (vgl. Tschöpe-Scheffler 2007).

Oft zeigen überbehütende Eltern auch zu wenig Respekt vor der Privatsphäre des Kindes. Um ihr Kind rechtzeitig schützen zu können, greifen sie in Situationen ein, die sie nichts angehen; sie verfolgen zum Beispiel Telefongespräche, lesen Tagebücher, öffnen die Post oder durchwühlen private Schubladen. Dies hängt eng mit der elterlichen (Verlust-)Angst zusammen, ihr Kind könne zu schnell selbständig werden.

Eine Auswirkung der Überbehütung ist auf jeden Fall die Einschränkung des Kindes in seiner Handlungskompetenz und seiner Selbstwirksamkeitsüberzeugung. Covitz weist darauf hin, dass auch scheinbar „harmlose" Überbehütung aus dem Kind einen Menschen, der immer unter seinem Leistungsniveau bleibt, machen kann (Covitz 1992, 89).

6.5.3 Missachtung

„Die ganze moderne Pädagogik trachtet danach, bequeme Kinder heranzubilden, sie strebt konsequent und Schritt für Schritt danach, alles einzuschläfern, zu unterdrücken und auszumerzen, was Willen und Freiheit des Kindes ausmacht, seine Seelenstärke, die Kraft seines Verlangens und seiner Absichten. Artig, gehorsam, gut, bequem, aber ohne einen Gedanken daran, dass es innerlich unfrei und lebensuntüchtig sein wird" (Korczak 1999, 12).

Janusz Korczak beanstandet hier, wie durch Erziehung und durch die Pädagogisierung des kindlichen Lebensraumes den Kindern Erfahrungsmöglichkeiten und *individuelles Sein* genommen werden. Ihre reiche Gefühlswelt wird auf „erwünschte Gefühle" reduziert. Ihre spontanen Willensäußerungen, ihre aktive Suche nach Beteiligung und Sinnorientierung, nach Einssein mit allem Lebendigen, werden auf „erwünschtes Verhalten" zurechtgestutzt.

Missachtung im Erziehungsalltag beruht darauf, dass das Kind nicht als Partner mit eigenen Bedürfnissen und Rechten – vor allem nicht dem Recht auf Achtung – gesehen wird. Es gibt verschiedene Arten der Missachtung; alle beruhen aber gleichsam darauf, dass der Erziehende seine Machtposition insofern ausnutzt, als er seine Interessen in den Vordergrund stellt und durchsetzt. Missachtung ist die Grundform jeglicher Gewalt.

Im Folgenden wird Missachtung als eine eigene Form psychischer Gewalt im Erziehungsalltag definiert. Bei dieser Form der Missachtung ist die Interaktion zwischen dem Kind und der Bezugsperson überwiegend durch einen aggressiv-entwertenden, oft in Kombination mit einem bestimmend-kontrollierenden Kommunikationsstil geprägt. Das Kind wird durch den Erwachsenen dominiert und erfährt, dass eigenes Denken und Tun nicht geschätzt werden. Es wird vor anderen bloßgestellt. Diese Form der Missachtung ist ein Kennzeichen der autoritären Erziehung. Dem Kind wird seine Unterlegenheit und Unfähigkeit demonstriert. Die Grundhaltung des aggressiv-entwertenden Stils ist beschuldigend und herabsetzend. Typische Ausprägungen dieses Kommunikationsstils in der Erziehung sind ironische Kommentare, Demütigungen, Maßregelungen, Abwertungen und Verachtung. Durch die Fremdbestimmung des Erwachsenen erfährt sich das Kind als minderwertig. Ihm wird die Grunderfahrung von positiver und gleichberechtigter Koexistenz vorenthalten. Es besteht keine Reversibilität. Nach Anne-Marie und Reinhard Tausch äußert sich „Missachtung – Kälte – Härte" in „Demütigungen, Beleidigungen, abwertenden Urteilen, absichtlichem Ignorieren, harter, kalter Stimme, strafendem Ansehen, Belächeln von Fehlern, resignierendem Achselzucken bei Versagen, verächtlichem Lachen, keine Sorge und Hilfe für den Anderen, deutlichem Misstrauen gegenüber dem Anderen und seinen Fähigkeiten und Möglichkeiten, in entmutigenden, zynischen oder verletzenden Bemerkungen direkt zu einer Person oder über sie im Gespräch mit Anderen" (Tausch, Tausch 1991, 121).

6.5.4 KONTROLLE UND DIRIGISMUS

Wie zuvor erwähnt, drückt sich Missachtung oft noch zusätzlich durch einen bestimmend-kontrollierenden Kommunikationsstil der Eltern aus. Diese vermitteln dem Kind, alles besser zu wissen, und ihr Hauptziel liegt darin, das Kind zu ändern, zu formen und zu kontrollieren. Dazu werden deutliche Appelle mit Verhaltensregeln und -korrekturen gesendet.

Reinhard und Anne-Marie Tausch bezeichnen diesen Kommunikationsstil als Dirigierung/Lenkung. Sie weisen darauf hin, dass ein hohes Maß an Dirigierung/Lenkung „das Lernen von Selbstbestimmung, Selbstverantwortung, sozialer Ordnung sowie sozial verantwortlichem Gebrauch der persönlichen Freiheit" (Tausch, Tausch 1991, 332) stark einschränkt.

Der Erwachsene bestimmt durch seine Verhaltensvorgaben, was das Kind wie, wann und wo zu tun hat. Auch hier liegt eine Einschränkung der kindlichen Autonomie zugrunde, die sich durch Kontrolle, Liebesentzug und Verbote äußert. Die Meinung des Erwachsenen wird höher bewertet als die Meinung des Kindes. Eine maximale Lenkung durch den Erwachsenen lässt dem Kind für Eigentätigkeit wenig Spielraum. Argumente von Kindern werden weder gehört noch aufgegriffen. Es wird nicht als eigenständiger Mensch akzeptiert, sondern erst durch Erziehung zu einem Menschen „gemacht". Es liegt ein hohes Maß an Einschränkung von Verantwortung vor, weil dem Kind wenig zugetraut wird. Fehler werden selten akzeptiert, sondern bestraft, die Kinder werden kontrolliert und gegängelt, Schläge werden angedroht, und es kommt häufig zu gewaltsamen Handlungen. Durch die Fremdbestimmung erlebt sich das Kind als unfähig und inkompetent. Von Erwachsenen geplante Unternehmungen werden auch gegen den Widerstand des Kindes durchgeführt, weil sie „gut" für das Kind sind.

6.5.5 BELIEBIGKEIT UND GRENZENLOSIGKEIT

Durch mangelnde Strukturen im Alltagsverlauf wird besonders Säuglingen und Kleinkindern ein notwendiger Orientierungsrahmen vorenthalten, den sie für ihre „gesunde" Entwicklung brauchen. Der

Erwachsene gibt keine klare Orientierung, weder durch sich als Person noch durch eine geregelte Tages- und Alltagsstruktur. Für das Kind gibt es keine Verlässlichkeit in Bezug auf Mahlzeiten, Tagesablauf oder die Einhaltung von Verabredungen. Es kann sich nicht darauf verlassen, dass, wenn es mittags aus der Schule kommt, jemand zu Hause ist, ein Essen vorbereitet wurde und jemand ansprechbar ist. Auch die Qualität der Atmosphäre ist nicht einschätzbar. Es wechseln Stimmungen der Bezugspersonen, die Reaktionen sind unberechenbar. Grenzen werden beliebig gesetzt und wieder verschoben, oder es wird nicht auf ihrer Einhaltung bestanden. Ein und dieselbe Person verhält sich dem Kind gegenüber widersprüchlich. Einmal sucht der Erwachsene Nähe und Kontakt und zieht das Kind an sich, ein anderes Mal verhält er sich abweisend, ist überfordert und unnahbar. Meist handelt es sich bei diesen Verhaltensweisen um Auswirkungen psychischer Störungen der Eltern oder um unsicher-vermeidende, unsicher-ambivalente oder desorganisierte Bindungserfahrung. Eine unsicher-vermeidende Bindung entsteht, wenn die Wünsche des Kindes nach Nähe und Trost von der Bezugsperson zurückgewiesen werden. Wechselt die Bezugsperson ohne eine für das Kind erkennbare Struktur zwischen Feinfühligkeit und Ablehnung bzw. Aufdringlichkeit, entsteht eine unsicher-ambivalente Bindung. Diese Bindungsstile entstehen oftmals durch ein Verhalten der Eltern, das mit der Ausübung von psychischer Gewalt einhergeht.

 Auch das als „double bind" bezeichnete Verhalten gehört in diese Kategorie. Der Erwachsene bittet das Kind zu sich und wendet sich zugleich ab, sein Verhalten und seine Emotionen stimmen nicht überein. Der Erwachsene lächelt und straft das Kind, oder er behauptet mit unbeweglichem Gesicht, das Kind zu mögen. Es handelt sich um unklare Erziehungsvorgaben, bei denen durch die Persönlichkeit des Erwachsenen und seine Beziehungsangebote für das Kind willkürliche und undurchsichtige Situationen entstehen.

6.6 RISIKO- UND SCHUTZFAKTOREN – RESILIENZFORSCHUNG

Kinder reagieren auf Gewalt und andere Risikofaktoren sehr unterschiedlich. Während die einen Persönlichkeitsstörungen und Auffälligkeiten zeigen, überwinden andere die schwierige Situation, suchen sich Schutz und wachsen an den Problemen (vgl. Wustmann 2004, 403).

Die Resilienzforschung fragt, welche Faktoren es ermöglichen, unter schwierigen Lebenssituationen und Belastungen dennoch gesund aufzuwachsen. Resilienz kann „... als eine individuelle Eigenschaft angesehen werden, die das Individuum vor einer Vielzahl negativer Entwicklungsresultate in einer großen Zahl ökologischer Kontexte schützt ... Oder anders ausgedrückt: Resilienz weist bei einem Individuum auf die Präsenz von ‚intrinsischen' Schutzfaktoren hin" (Bergmann/Mahoney 1999, 315).

Ziegenhain et al. (1999, 142) gehen in ihrer Definition weiter und beschreiben das dynamische Zusammenspiel zwischen den protektiven Faktoren seitens des Kindes, denen des familiären Umfeldes und denen des sozialen Kontextes innerhalb der Familien. Nach Werner (1999) bezieht sich der Begriff protektiv auf „... Faktoren oder Prozesse, die dem Kind oder Jugendlichen helfen, sich trotz hohen Risikos normal zu entwickeln (Werner 1999, 25).

Es gibt Kinder mit starkem Selbstentfaltungspotential, die, wenn zur gleichen Zeit weitere Schutzfaktoren vorhanden sind, sogar unter ungünstigen und schädigenden Einflüssen lebensfrohe Persönlichkeiten werden können. So wurde in einer Langzeitstudie, in der auf der Hawaiinsel Kauai seit 1955 alle 698 Kinder, die in diesem Jahr geboren und von da ab in ihrem Entwicklungsverlauf bis ins 40. Lebensjahr begleitet wurden, Folgendes festgestellt (Werner 1999):

Etwa 30 % der beobachteten Kinder wurden in sozial benachteiligte Familienverhältnisse mit hohem Armutshintergrund und vielfältigen Problemen hineingeboren und waren geburtsbedingten Komplikationen ausgesetzt. Bei diesen Kindern bestand ein extrem hohes Entwicklungsrisiko. Zwei Drittel dieser Kinder zeigten tatsächlich in ihren weiteren Lebensverläufen große Lern- und Verhaltensprobleme, sie wurden straffällig, hatten psychosomatische Beschwerden oder psychische Probleme. Etwa ein Drittel der Kinder konnte sich jedoch, trotz der hohen Risiken und gegen die Voraussagen, zu leistungs- und liebesfähigen Erwachsenen entwickeln und Verantwortung für sich und andere übernehmen. Alle hatten als Erwachsene eine Berufsausbildung und Arbeit, keiner wurde straffällig, und insgesamt stellten sie sich als optimistische, lebensfrohe Menschen dar. Dieser Teil der Versuchsgruppe hatte darüber hinaus die wenigsten gesundheitlichen Probleme und die niedrigste Scheidungsrate. Das Team von Psychologen, Kinderärzten und Mitarbeitern der Gesundheits- und Sozialdienste konnte mit dieser Studie einen wesentlichen Beitrag zur Beantwortung der Frage leisten, welche schützenden Faktoren vorhanden sein müssen, damit Menschen die Chance haben, sich trotz schlechter Ausgangsbedingungen und entwicklungshemmender Erziehungsfaktoren zu starken Persönlichkeiten entwickeln zu können. Die Schutzfaktoren wurden von der Kauai-Forschungsgruppe in drei Kategorien unterteilt:

a) *Individuelle Faktoren*: Das sind Schutzfaktoren, die Kinder als genetische Ausstattung mitbringen, sie sind bereits als Babys besonders widerstandsfähig und lösen durch ihre liebenswerte Art bei den Bezugspersonen positive Reaktionen aus. Die beobachteten Kinder zeigten sich bereits im Vorschulalter als selbstständig und unabhängig und konnten Hilfe und Unterstützung holen, wenn sie diese benötigten. Sie wurden von den Klassenkameraden aufgrund ihrer Kommunikationsfähigkeit und ihrer pragmatischen Fähigkeiten geschätzt und bekamen dadurch positive Rückmeldungen.

b) *Schutzfaktoren in der* (*erweiterten*) *Familie* Widerstandsfähige Kinder hatten trotz großer Probleme in ihren Herkunftsfamilien eine Person im weiteren Familienumfeld (Verwandtschaft oder Freundeskreis), zu der sie eine enge, stabile Beziehung eingehen konnten. Auch Bindungen zu Geschwistern konnten sich als Schutzfaktoren erweisen. Zudem schien eine religiöse Überzeugung ein weiterer Schutzfaktor zu sein, durch den die Kinder Sinnorientierung und Stabilität erhielten. Noch für die Erwachsenen spielte der Glaube in ihrem Leben eine wichtige Rolle.

c) *Schutzfaktoren in anderen Netzwerken*: Die Langzeitstudie konnte darüber hinaus zeigen, dass es sich für Kinder mit schlechten Entwicklungsvoraussetzungen positiv auswirkte, wenn sie über ein stabiles Netzwerk von Verwandten, Freunden und Nachbarn verfügten, bei denen sie sich Trost und Unterstützung holten. Mit Hilfe dieses Netzwerkes konnten die Kinder eine hoffnungsvolle Lebensperspektive entwickeln und alternative Formen des Umgangs miteinander kennen lernen.

Insgesamt wurde durch die Studie gezeigt, dass es einen Zusammenhang zwischen den lebensbejahenden Eigenschaften des Individuums und schützenden Faktoren gab. Darüber hinaus wurde deutlich, dass selbst Kinder, die in eine risikoreiche, entwicklungshemmende Umwelt hineingeboren werden, diesen ungünstigen Umständen nicht per se ausgeliefert sind.

Eine resiliente Persönlichkeit besitzt die Fähigkeit, in zwischenmenschlichen Stresssituationen flexibel zu reagieren und sich an die jeweilige Situation relativ schnell anzupassen, was als „adaptive Fähigkeit" bezeichnet wird (Lewis 1999, 328). Nach Kumpfer (1999) können die Kompetenzen, die für eine erfolgreiche Bewältigung von riskanten Lebenssituationen förderlich sind, fünf Dimensionen zugeordnet werden: kognitive Fähigkeiten, emotionale Stabilität, soziale Kompetenzen, körperliche relativ stabile Gesundheit und eine starke Motivation bzw. der Glaube an eine höhere Macht (kosmisches Urvertrauen). Bezogen auf kindliche Resilienzfaktoren ist darüber hinaus noch eine vitale Persönlichkeit von Bedeutung. Verfügt ein Kind über diese Faktoren, so kann von einer erfolgreichen Bewältigung zukünftiger Belastungssituationen ausgegangen werden. Die Resilienzforschung hat sich in der letzten Zeit zunehmend den Schutzfaktoren zugewandt, nicht zuletzt, um Programme zur Prävention oder Intervention entwickeln zu können, die Risikokindern helfen, ihre Entwicklungsprognosen zu verbessern. Die Tatsache, dass sich viele Kinder trotz belastender und schwieriger Bedingungen dennoch positiv entwickeln, kann damit erklärt werden, dass durch Schutzfaktoren die negativen Wirkungen von Belastungssituationen abgemildert werden, dass Kinder, je nach Temperament und Charakterstruktur, Risikobelastungen unterschiedlich leben und dass diese Kinder über Bewältigungskompetenzen verfügen, die eine gesunde Entwicklung ermöglichen.

Zum einen kann davon ausgegangen werden, dass mit zunehmendem Alter die Verantwortung des Menschen für seine gesunde Entwicklung zunimmt und Menschen nicht nur Opfer, sondern gleichwohl auch Gestalter ihrer Lebenssituation sind. Bereits Kinder formen ihre Umwelt, nehmen erheblichen Einfluss auf Interaktionen und zeigen individuelle Problembewältigungsstrategien. Resilienz kann aus dem Zusammenwirken des Kindes mit seiner Umwelt erwachsen. Die Primärprävention setzt hier an: Kinder und deren Familien sollten so früh wie möglich gestärkt werden, um zum einen Belastungen entgegenzuwirken und zum andern dabei zu helfen, den erfolgreichen Umgang mit schwierigen Lebenssituationen oder Krisen zu erlernen. Dabei steht die Steigerung von Problembewältigungskompetenz beim Kind und bei dessen Familien im Mittelpunkt. Das Wissen darum, dass sich Kinder trotz widriger Umstände und ungünstiger Lebensbedingungen dennoch zu gesunden, verantwortungsvollen und liebesfähigen Erwachsenen entwickeln können, wenn man sie sinnvoll unterstützt, kann gerade da einen (wenn auch gedämpften) Optimismus hervorrufen, wo in der Sozialen Arbeit und in der Bildungsarbeit Tätige mit Kindern und Familien in schwierigen Lebenssituationen arbeiten.

ÜBUNGS- UND WIEDERHOLUNGSFRAGEN

1. Weshalb bietet die Familie in besonderem Maß Raum für Machtmissbrauch?
2. In welche Formen wird Gewalt gegen Kinder meist unterteilt?
3. Welche Formen psychischen Missbrauchs lassen sich unterscheiden?
4. Wie stehen Eltern zum Thema psychische Gewalt in der Erziehung und wie nehmen sie diese in der eigenen Kindererziehung wahr?
5. Welche Konsequenzen kann die Anwendung psychischer Gewalt als Erziehungsmittel für Kinder haben?
6. Welche vier Konflikttypen im Erziehungsalltag werden unterschieden?
7. Nennen Sie Ressourcen, auf die eine Familie bei der Bewältigung von Stress zurückgreifen kann.
8. Wo müsste Prävention psychischer Gewalt ansetzen?
9. Was versteht man unter „entwicklungshemmendem Verhalten"?
10. Wie äußert sich Unterbehütung?
11. Was prägt das Selbstkonzept eines Kindes?
12. Wie äußert sich Überbehütung?
13. Welche Kommunikationsstile prägen die Interaktion bei Missachtung als Form psychischer Gewalt?
14. Was bedeutet der Begriff „Resilienz"?
15. Welche drei Kategorien von Schutzfaktoren unterscheidet die Kauai-Forschungsgruppe?

7. UNTERSTÜTZUNG DER ELTERLICHEN ERZIEHUNGSKOMPETENZ

Die Realität des Erziehungsalltags zeigt, dass selbst eine Erziehung, die sich vorwiegend durch entwicklungsförderndes Verhalten auszeichnet, immer wieder auch entwicklungshemmende Elemente enthält. Umgekehrt kann es in einem vorwiegend entwicklungshemmenden Erziehungsverhalten auch Momente von Schutz und Zuwendung oder Struktur geben. Der idealtypische Blick auf Erziehung mit unrealistischen Visionen von einer „perfekten Erziehung" kann Eltern und Erzieher maßlos überfordern. Selbstkritisch stellen entwicklungsfördernde Eltern fest, dass auch sie ihr Kind schon mal demütigen, ungeduldig werden oder explodieren. Das Kind „nervt", wenn es seine hundertste Frage nach dem Woher und Warum stellt. Gerade Eltern, die bewusst erziehen und sich ihrer Verantwortung stellen, verzweifeln oft angesichts ihrer eigenen Unzulänglichkeiten, zumal wenn sie in zahlreichen Erziehungsratgebern Empfehlungen und Rezepte erhalten, die sie befolgen wollen.

Eine Erziehung, die auf dem Fundament einer annehmenden Haltung steht und weitgehend entwicklungsfördernden ist, wird dann kein idealtypisches Modell sein, wenn auch die entwicklungshemmenden Dimensionen als zum Erziehungsprozess zugehörig akzeptiert werden. Eltern können lernen, entwicklungsförderndes Verhalten zu „maximieren" und entwicklungshemmendes Erziehungsverhalten zu „reduzieren". Fehler und Schwächen in den Erziehungsbemühungen sind dann anders zu bewerten und relativieren sich in ihrer Wirkung, wenn sie von einem grundsätzlichen und eindeutigen Ja zum Kind ausgehen.

Der Mut zum Fragmentarischen kann eine Mutter nachsichtiger im Umgang mit den Fehlern des Kindes machen. Die Akzeptanz der eigenen Ungeduld (kombiniert mit der Bitte um Verzeihung) kann einen Vater in den Augen des Kindes näherrücken lassen und liebenswerter machen. Entlastend kann es sein zu wissen, dass neben der wichtigen Erziehung im Elternhaus noch andere Personen, Institutionen und der Selbstentfaltungswille des Kindes vieles von dem ergänzen oder ausgleichen können, was den Eltern nicht gelungen ist. Von daher ist die Selbsterziehung und Selbstreflexion des Erwachsenen unerlässlich, und Präventionsformen sollten daran gemessen werden, ob sie es vermögen, die Einstellungen und das Verhalten der Eltern im Hinblick auf entwicklungsfördernde Dimensionen entscheidend zu verbessern. Präventionsprogramme können diese Selbstreflexionselemente begleiten und unterstützen.

7.1 Präventionsformen

Präventionsformen werden in der Fachliteratur recht unterschiedlich systematisiert. Für Caplan, der sie nach dem Zeitpunkt der Intervention, nach Zielgruppe und thematischer Ausrichtung bzw. Methodik unterscheidet, ergeben sich folgende drei übergeordnete Präventionsweisen (vgl. Caplan 1974):

- *Primär-präventive Maßnahmen* sollen das Auftreten von Gewalt bereits vorbeugend verhindern, sie vermitteln Fähigkeiten und Fertigkeiten, die sowohl für die Herstellung der eigenen Entwicklungsbalance als auch für den Aufbau von Beziehungen hilfreich sind.

- Die *sekundäre Prävention* versucht, die Weiterentwicklung bereits vorhandener Gewaltpotentiale sowie Wiederholungen von störungsverursachenden Situationen, Kommunikationen und/oder Interaktionen zu verhindern.
- Die *tertiäre Prävention* greift bei manifesten Störungen ein, versucht die negativen Folgeerscheinungen zu beheben und mögliche Schäden zu verringern.

Ressourcenorientiert setzen präventive Maßnahmen an der Erhöhung persönlicher Kompetenzen zur Verbesserung von Bewältigungsstrategien an oder arbeiten umwelt- bzw. systemorientiert an der Veränderung destruktiver Lebensbedingungen. Die Grenzen zwischen einerseits sekundärer und tertiärer Prävention und andererseits therapeutischer Arbeit sind fließend, ebenso die Grenzen zwischen Veränderungen von deprivierenden Umweltbedingungen und tertiärer Präventionsarbeit.

Eine andere Unterteilung der Präventionsformen nimmt Hahlweg vor: Er unterscheidet zwischen universeller, selektiver und indizierter Prävention (vgl. Hahlweg 2001, 205-206).

Während die universelle Prävention noch keine speziellen Risikofaktoren fokussiert und damit erst einmal für alle Bevölkerungsgruppen in Betracht kommt, zielen selektive Programme auf Individuen mit erhöhten Belastungen ab. Indizierte Programme haben demgegenüber Zielgruppen (z.B. bereits auffällig gewordene Kinder oder stark gewaltbelastete Familien) im Blick, die Frühsymptome von Auffälligkeiten zeigen.

Die grundlegende Unterstützung für *gewaltbelastete* Familien läge somit eher in Angeboten zur *sekundären und tertiären Prävention* oder in selektiven und indizierten Programmen, in Therapieangeboten und in einer Veränderung der gewaltauslösenden Lebensbedingungen. Hierzu würde auch die Reduzierung gesellschaftlich verursachter gewaltproduzierender- und provozierender Stressfaktoren gehören. Armut, Arbeitslosigkeit und schlechte Wohnverhältnisse haben negative Auswirkungen auf die Lebensqualität. Gesellschaftliche Stigmatisierung, Resignation und Verminderung des Selbstwertgefühls führen zu Enttäuschungen und Frustrationen, die in allen Formen der Gewalt ihren Ausdruck finden können. Voraussetzungen für die Gewaltreduktion lägen hier in der Humanisierung der Arbeits- und Wohnwelt, der

Armutsbekämpfung und der gleichberechtigten Teilhabe an materiellen und sozialen Ressourcen. Stark gewaltbelastete Familien werden kaum durch primäre (universelle) und eher weniger durch sekundäre (selektive) Präventionsmaßnahmen in ihrer Problemsituation erfasst. Sie bedürfen anderer spezifischer Hilfen, die vorwiegend im tertiären (indizierten) Präventionsbereich anzusiedeln sind.

Die Erfahrung zeigt, dass gewaltbelastete Familien die Angebote der Primärprävention kaum nutzen. Mögliche Gründe liegen u.a. darin, dass diese Eltern oft erst einmal über die entsprechenden sozialen Kompetenzen verfügen müssen, die sie befähigen, die zur Verfügung stehenden Ressourcen auch für sich nutzen zu können. Außerdem werden Unterstützungen, die in einer gewissen Öffentlichkeit (weitere Eltern und eine Kursleiterin) gegeben werden, eher als Kontrolle, weniger als Hilfe empfunden. Die Erlangung notwendiger Kompetenzen, die zur Inanspruchnahme von Ressourcen führen, sind aber Aufgaben, die eher in den Tertiärpräventionsbereich fallen.

Auch wenn Bildungsangebote aus den genannten Gründen kaum von stark gewaltbelasteten Familien besucht werden, so richten sich Angebote der Primärprävention an Eltern aller Bildungsschichten und Milieus, da alle von der Wert- und Orientierungskrise, die eine Erziehungskrise einschließt, betroffen sind. Das Fehlen tradierten „sicheren" Wissens führt zu einer immer größer werdenden Erziehungsunsicherheit. Je weniger normative Richtlinien es für Erziehungsziele und -inhalte in unserer Gesellschaft gibt und je mehr tradierte Werte relativiert werden oder an Gültigkeit verlieren, desto stärker ist der Einzelne auf sich und seine Kompetenzen, aber auch auf seine Defizite verwiesen. Folglich macht sich zunehmende Unsicherheit bei Eltern aller Schichten breit, die bewirkt, dass einige unentschlossen handeln, andere sich dem Erziehungsauftrag völlig verweigern.

In Anbetracht der Tatsache, dass Kinder ein Recht auf Erziehung haben, Eltern die Erziehungsverantwortung übernehmen sollen und der Staat seine Fürsorgepflicht wahrzunehmen hat, ist es im Interesse des Staates und damit des Allgemeinwohls, alle Eltern in ihren Erziehungsaufgaben angemessen zu unterstützen. Erziehungsunsicherheit, mangelnde Konsequenz und Hilflosigkeit können im besten Fall einen Suchprozess nach Hilfe und Unterstützung initiieren. Je nach

Lebenssituation sind primäre, sekundäre oder tertiäre Angebote und Hilfen mit unterschiedlichen Zielorientierungen nötig.

Eine Möglichkeit, die eher bildungsgewohnte Eltern wahrnehmen, die – wie oben erwähnt – nicht weniger erziehungsunsicher sind als weniger bildungsgewohnte oder gewaltgefährdete Multiproblemfamilien, besteht in den Angeboten von Elternkursen, die eine primär- und sekundärpräventive Ausrichtung haben. Das Ziel der meisten Elternkurse ist die Vermittlung eines gewaltfreien Umgangs mit Konfliktsituationen im Erziehungsalltag, basierend auf kommunikationstheoretischen, systemischen, lernpsychologischen oder anderen theoretischen Konzepten.

Es sollte im allgemeinen Bewusstsein eine besondere Wertung und gesellschaftliche Anerkennung erfahren, wenn Eltern sich der Unterstützungsangebote bedienen, um z.B. durch den Besuch von Elternkursen zu lernen, wie Gewalt- und Konfliktsituationen entstehen, welchen Anteil sie daran haben, und wie sie sich zunehmend deeskalierender verhalten können.

7.2 Stärkung der elterlichen Erziehungsverantwortung durch Angebote der Elternbildung

Familien- und Elternbildung soll „(...) auf Bedürfnisse und Interessen sowie auf Erfahrungen von Familien in unterschiedlichen Lebenslagen und Erziehungssituationen eingehen, die Familie zur Mitarbeit in Erziehungseinrichtungen und in Formen der Selbst- und Nachbarschaftshilfe besser befähigen sowie junge Menschen auf Ehe, Partnerschaft und das Zusammenleben mit Kindern vorbereiten." So steht es in § 16, Abs. 2 SGB VIII, der die Förderung der Familienerziehung in den Mittelpunkt stellt und die Träger der Jugendhilfe verpflichtet, den Erziehungsberechtigten Unterstützung in ihrer Erziehungsverantwortung anzubieten. Als Bereiche dieser Unterstützungsleistungen werden neben der Beratung und der Familienerholung und -freizeit die *Angebote der Familien- und Elternbildung* genannt. Das Ziel ist die Stärkung der Erziehungsverantwortung der Eltern, wobei diese „bedarfsgerecht" auf unterschiedliche Lebenslagen und Familienformen zugeschnitten sein sollte.

Hinzu kommt, dass es mit der Verabschiedung des Gesetzes zum Recht des Kindes auf eine gewaltfreie Erziehung im November 2000 im Bürgerlichen Gesetzbuch § 1631, 2 nicht mehr ins Belieben der Eltern gestellt ist, *wie* sie ihre Kinder erziehen: „Kinder haben ein Recht auf gewaltfreie Erziehung. Körperliche Bestrafungen, seelische Verletzungen und andere entwürdigende Maßnahmen sind unzulässig." Gleichzeitig wurden Jugendhilfeträger durch eine Ergänzung im Kinder- und Jugendhilfegesetz (§ 16) verpflichtet, dass sie „Eltern Wege aufzeigen sollen, wie Konfliktsituationen in Familien gewaltfrei gelöst werden können."

Beiden Forderungen, der *„Elternpflicht auf Erziehung"* und dem *„Kindesrecht auf eine gewaltfreie Erziehung"* im Zusammenhang mit der Selbstverpflichtung des Staates, den Eltern Unterstützung in ihren Erziehungsaufgaben zu geben, entsprechen vielfältige Angebote der Elternbildung.

Präventive Maßnahmen, die dem Bereich der universellen Prävention zuzuordnen sind, setzen ressourcenorientiert an der Erhöhung persönlicher Kompetenzen zur Verbesserung von Bewältigungsstrategien an und bestehen entweder aus offenen Angeboten für Eltern oder sie arbeiten umwelt- bzw. systemorientiert an der Veränderung destruktiver Lebensbedingungen. Elternkurse und Elternbildungsangebote arbeiten in erster Linie primärpräventiv.

Angebote der sekundären (selektiven) und tertiären (indizierten) Prävention richten sich mit ihren eher niederschwelligen Angeboten gezielt an Familien mit besonderem Förderungsbedarf oder speziellen Risikofaktoren.

Schwerpunktmäßig werden in Elternkursen neben instrumentellen Kompetenzen Lerninhalte mit hoher Alltags- und Lebensrelevanz vermittelt sowie eine Erweiterung des Handlungsrepertoires im Umgang mit Konfliktsituationen eingeübt, die es dem Einzelnen erlauben, die zunehmende Komplexität des Lebens und der Alltagsanforderungen in einer pluralen Gesellschaft zu erkennen und Bewältigungsstrategien zu finden. Für das Individuum (hier werden Kinder, Jugendliche, Eltern angesprochen) kann sich eine solche Unterstützung *stress- und frustrationsmindernd* auswirken, wodurch sich die Wahrscheinlichkeit verringert, dass sich Belastungen anhäufen, die zu Gewaltanwendung führen.

Speziell an Eltern gerichtete Präventionskurse haben inhaltlich meist vier Themenbereiche, deren Angebote und Inhalte sehr unterschiedlich strukturiert sein können. Nicht alle Elternkurse sind in gleicher Weise für alle Eltern angezeigt. Je nach Konfliktlage, nach aktueller Verfasstheit, Bildungs- und Reflexionsniveau muss gut ausgewählt werden, welcher Kurs für welche Eltern mit welchen Problemlagen hilfreich sein kann.

Wahrnehmung und Umgang mit Problem- und Konfliktsituationen

Es geht dabei eher themenunspezifisch um ein Kompetenztraining zur Verbesserung individueller Bewältigungsstrategien in Krisen- und Konfliktsituationen. Dies betrifft die Alltags- und Erziehungsebene ebenso wie die Partnerbeziehung und die Einstellung zu sich selbst.

Steigerung des Selbstwertgefühls und der Selbstkontrolle

Da die Variablen „mangelndes Selbstwertgefühl" und „Unbeherrschtheit" im Kontext von Gewalthandlungen eine nicht unbedeutende Rolle spielen, liegt es nahe, Veränderungen in diesem Bereich anzustreben. Dies geschieht auf der Sach-, der Erkenntnis- und der verhaltensmodifizierenden Ebene.

Differenzierte Angebote erziehungsrelevanter Themen

Hier soll die Erziehungssicherheit der Eltern gestärkt werden nach dem Motto: „Starke Eltern – starke Kinder". Dies geschieht zum einen durch die Vermittlung von Sachwissen, wie z.B. entwicklungspsychologischer und erziehungswissenschaftlicher Theorien, zum anderen bietet der Austausch mit anderen Eltern die Möglichkeit des Netzwerkaufbaus und der Entlastung durch die Darstellung und Besprechung eigener Fallbeispiele. Fehlattributierungen oder zu hohen Erwartungen der Eltern soll dadurch entgegengewirkt werden.

WAHRNEHMUNG UND UMGANG MIT EIGENEN VERHALTENSMUSTERN –
SELBSTERKENNTNIS UND SELBSTREFLEXION

Insgesamt sollen Eltern durch den Besuch der Erziehungskurse die Entstehung von Gewalt- und Konfliktsituationen besser verstehen lernen, ihren eigenen Anteil daran erkennen und sich zunehmend deeskalierend verhalten lernen.

Das Ziel der meisten dieser Angebote ist die Einübung eines gewaltfreien Umgangs mit Konfliktsituationen im Erziehungsalltag, basierend auf kommunikationstheoretischen, systemischen, lernpsychologischen oder anderen Konzepten. Auf die zunehmende Bedeutung präventiver Interventionen für die psychosoziale Versorgung von Kindern weist das Bundesfamilienministerium in Zusammenhang mit dem Gesetz zur gewaltfreien Erziehung verstärkt hin.

Das oft gehörte Argument, Eltern, die Angebote von Bildungs- und Erziehungskursen nutzen, hätten es „weniger nötig als andere", ist ebenso wenig haltbar und muss differenzierter betrachtet werden wie der Vorwurf: „Energie und finanzielle Ressourcen sollten nicht in elitäre Elternkurse fließen, sondern dort eingesetzt werden, wo sie eher benötigt werden". Die am Institut für Kindheit, Jugend, Familie und Erwachsene der FH Köln durchgeführte Studie bestätigte, dass Teilnehmerinnen der Elternkurse vorwiegend bildungsgewohnte Eltern sind, denen die Erziehung ihrer Kinder nicht gleichgültig ist. Sie gehören weitgehend nicht zu den sogenannten „gewaltgefährdeten oder gewaltbelasteten Multiproblemfamilien", die durch Arbeitslosigkeit, soziale Isolation, Kinderreichtum, Armut, deprivierende Wohnverhältnisse, kurz, durch ihr Lebensmilieu und ihre Schichtzugehörigkeit von struktureller Gewalt betroffen sind und auf vielfältige Weise unterstützt werden müssen.

Der Ausspruch: „Diejenigen, die es betrifft (gemeint sind wahrscheinlich gewaltgefährdete Multiproblemfamilien), werden nicht erreicht", trifft insofern nicht zu, da diese Familien nicht durch primäre und eher weniger durch sekundäre Präventionsmaßnahmen in ihrer Problemsituation erfasst würden. Sie bedürfen anderer spezifischer Hilfen, die vorwiegend im tertiären Präventionsbereich anzusiedeln sind. Diese müssten in ihren Lebenssituationen ansetzen und damit auch zu Veränderungen ihrer gewaltauslösenden Lebensbedingungen führen. Adressatenspezifische therapeutische, familienunterstützende und -ergänzende Maßnahmen, Einzelfall- und Nachbarschaftshilfen sind hier angebracht.

Die universelle Primärprävention, auf die in diesem Kapitel besonders eingegangen werden soll, hat zu einer vielfältigen, inzwischen fast unübersichtlich gewordenen Angebotsstruktur unterschiedlicher Träger einschließlich privatwirtschaftlich organisierter Anbieter bis hin zur medialen Aufbereitung der Erziehungsthematik geführt. Schon die Bezeichnungen sind verwirrend mannigfach: Elternkurs, Elterntraining, Elternbegleitung, Handwerkszeug für Eltern, Eltern-Kind-Gruppe, Elterngesprächskreis, Elternwerkstatt, Erziehungspartnerschaften zwischen Eltern und Erziehern/Erzieherinnen und/oder Eltern und Lehrern/Lehrerinnen oder partizipative Stadtteil- und Netzwerkarbeit mit Eltern. Zunehmend erweitern elektronische und digitale Medien (wie z.B. Elternratgeber im Internet, Elternchats und Foren oder Erziehungskurse auf CD-ROM) das große Sortiment der Elternbildung und ergänzen damit die klassischen Printmedien (Elternbriefe, Ratgeberliteratur, Elternzeitschriften). Je nach „Eltern-Typ" kann die Motivation, Unterstützung zu suchen, sehr unterschiedlich sein: Interessierte und motivierte Eltern, übermotivierte Eltern, hilflose oder entmutigte Eltern haben ganz unterschiedliche Wünsche an die Art der Unterstützung (Tschöpe-Scheffler 2005d, 12). Interessierte und motivierte Eltern bekommen entweder gerade ihr erstes Kind oder haben kleine Kinder. Sie möchten von Anfang an richtig handeln, sind sehr aufgeschlossen, interessiert und wollen gerne dazulernen. Übermotivierte Eltern wissen schon sehr viel, weil sie viel gelesen und sich ausgiebig informiert haben, und sie möchten auf keinen Fall irgendetwas bei ihrem Kind versäumen. Diese Eltern stehen oft unter hohem Druck und muten auch ihren Kindern viel, oft zu viel, zu. Oft suchen diese Eltern Rat, weil sie noch „besser" und „perfekter" sein möchten. Für sie kann es erleichternd sein, wahrnehmen zu lernen, dass ihr Kind mit seinen Selbstentfaltungskräften vieles eigenständig reguliert und sie nicht alles für, sondern mehr *mit ihrem Kind* entscheiden und gestalten können. Eltern, Kinder und das Beziehungsgefüge können durch unterstützende Beratung entlastet werden.

Die eher hilflosen und entmutigten Eltern stehen vor besonderen Erziehungsproblemen, für die sie keine Lösung finden. Oft haben sie resigniert aufgegeben, wenn ihre Bemühungen, den Schwierigkeiten mit ihren Möglichkeiten zu begegnen, fehlgeschlagen sind. Gewalt und wechselseitige Missachtung belasten die Beziehungen zwischen Eltern und Kindern, beide brauchen ganz konkrete und schnelle Hilfen für den Alltag, damit sie aus der Gewaltspirale herausfinden. Das kann im Einzelfall auch bedeuten, dass begleitende Angebote der Primärprävention nicht ausreichen und im Rahmen des SGB VIII (KJHG) Hilfen zur Erziehung, Maßnahmen sowohl der selektiven als auch der indizierten Prävention und/oder eine therapeutische Intervention oder gar eine vorübergehende oder langfristige Fremdplatzierung des Kindes notwendig werden. Auch dann, wenn Eltern nicht mehr die Hauptbezugspersonen im Erziehungsprozess sind, sollte ihre Beziehung zu ihrem Kind dennoch Aufgabe von Unterstützung bleiben. Elternschaft ist nicht kündbar und bleibt für Kinder und Eltern ein lebenslanger Prozess. Hierzu bedarf es der Zusammenarbeit aller beteiligten Institutionen, die mit der Familie und/oder dem Kind zu tun haben. Gedacht ist an eine bessere Vernetzung von Schulen, Beratungsstellen, Kindertageseinrichtungen und anderen Einrichtungen der Kinder- und Jugendhilfe.

In der primärpräventiven Elternbildung entwickeln sich zurzeit vielfältige, differenzierte Angebote für unterschiedliche Zielgruppen und soziale Mileus, die von diversen Trägern initiiert und verantwortet werden und in verschiedenen Institutionen sowohl der Erwachsenen- und Familienbildung als auch in Kindertageseinrichtungen und Familienzentren, Schulen, Kirchengemeinden, Beratungsstellen, Hebammenpraxen oder Krankenhäusern angeboten werden. Die Vielfalt macht eine Übersicht fast unmöglich, zumal ständig neue Konzepte entwickelt und (meist eher regional) angeboten werden.

Im Folgenden soll der Versuch unternommen werden, die bekanntesten Angebote zur Unterstützung der elterlichen Erziehungskompetenz vorzustellen (Tschöpe-Scheffler 2003a, 2005a, 2005c, 2005d):

Aktuelle Landschaft von Elternbildungsangeboten

Die aktuelle Landschaft der Elternbildung erstreckt sich von *standardisierten Konzepten* mit klarer Programmstruktur über das *Setting der*

Gruppenarbeit (sowohl mit Eltern als auch mit Eltern und Kindern) bis hin zu Ansätzen mit einer hohen Mitbeteiligung, in denen Eltern mit ihren jeweiligen Fähigkeiten in Kindertageseinrichtungen oder in die Stadtteil(kultur)arbeit einbezogen sind.

Elternbildungsangebote, die eine *klare Programmstruktur* vertreten, fußen auf unterschiedlichen Theorien. Dadurch grenzen sie sich nicht nur voneinander ab, sondern zeigen auch deutliche Schwerpunkte in der inhaltlichen und methodischen Gestaltung. Entweder arbeiten sie nach humanistischen Schulen, wobei die Bandbreite vom personenzentrierten Ansatz über den individualpsychologischen oder auch (humanistisch-)eklektischen gehen kann, oder sie arbeiten vorwiegend verhaltenstherapeutisch und kognitiv-behavioral. Das Elterntraining nach dem *personenzentrierten Ansatz von Thomas Gordon,* das bereits seit Jahrzehnten auf dem Markt ist, wurde in den 70er Jahren in vielen Familien als „Familienkonferenz" erprobt. Manche der Elternkurse, die in den 90er Jahren des 20. Jahrhunderts entwickelt wurden, beziehen sich auf Thomas Gordon und speziell seine Methoden des „aktiven Zuhörens" oder der Vermittlung von „Ich-Botschaften". Ein offener, ehrlicher Umgang miteinander ist dabei das wichtigste Ziel. Eltern sollen ihre Kinder als Experten in eigener Sache wahrnehmen. Sie lernen Kommunikationstechniken, die ihnen den Umgang mit ihrem Kind, aber auch mit dem Partner, der Partnerin erleichtern können. Und sie erfahren, dass ihre Kinder Probleme auch selbst lösen können. Am Vorbild der Eltern lernt das Kind so zu kommunizieren, dass es Probleme mit Gleichaltrigen und Erwachsenen (z.B. Lehrern) selbst regeln kann. Das Gordon-Training ist ein präventiver Ansatz, der keine schnellen Lösungen anbietet und zu Familien passt, die großen Wert auf eine sprachliche Verständigung legen, die demokratisch erziehen und sich die Zeit nehmen wollen, mit ihren Kindern zu kooperieren und alltägliche Fragen gemeinsam zu besprechen, z.B. in der regelmäßig stattfindenden „Familienkonferenz". Inzwischen wurde mit dem „*Family Effectiveness Training*" (nach Gordon) noch einmal eine neue, spezielle Fokussierung auf die professionelle Begleitung der Kommunikation innerhalb der Familie mit Eltern *und* (heranwachsenden) Kindern im Rahmen eines Gruppenkurses mit einer Teilnehmerzahl von sechs bis 16 Personen vorgenommen (Breuer 2005).

Im deutschsprachigen Raum am meisten verbreitet sind allerdings drei andere Programme, die in ihren Ansätzen sehr unterschiedlich sind: Das Programm des Deutschen Kinderschutzbundes „Starke Eltern – Starke Kinder®", das aus Australien adaptierte Programm Triple P (Positive Parenting Program) und das amerikanische Programm STEP (Systematic Training für Effective Parenting), das von Trudi Kühn und Roxana Petcov in Deutschland vertreten wird.

„*Starke Eltern – Starke Kinder®*" besteht in seinen Anfängen schon seit 1985 und wurde im Kinderschutzbund Aachen von der Begründerin Paula Honkanen Schoberth (2002, 2005) selbst erprobt, bevor sie dann federführend im Jahr 2000 für den Bundesverband ein Kursleiterhandbuch herausgab, nach dem die Multiplikatorinnen/Multiplikatoren geschult werden und den Elternkurs in den Ortsverbänden anbieten. Ihm liegt ein auf humanistischen Konzepten begründeter Ansatz zugrunde, und die Orientierung an der UN-Kinderrechtskonvention stellt einen Leitgedanken der Arbeit dar: Die Rechte (insbesondere Schutz-, Mitsprache- und Partizipationsrechte) und die Entwicklungsbedürfnisse von Kindern deutlich zu machen, ist darum ein wichtiges Ziel des Kurskonzeptes. Die kindlichen Mitbestimmungs- und Gestaltungsmöglichkeiten sollen im Familiensystem gestärkt werden. Eltern lernen, den Fähigkeiten ihres Kindes zu vertrauen und es so anzuleiten, dass es *eigene Lösungen* findet. Eltern reflektieren ihre eigenen Gefühle im Umgang mit ihrem Kind, stellen fest, welche Werte ihnen wichtig sind und lernen ihr Verhalten an ihren Werten zu orientieren. Sie bemühen sich um einen positiven Blick auf ihr Kind und geben ihm auf dieser Basis ermutigende Rückmeldungen. Durch das Vorbild der Eltern lernt das Kind, Rücksicht auf andere Familienmitglieder zu nehmen. Da die Erwachsenen das Kind als Gesprächspartner ernst nehmen, lernt es, sich offen auszudrücken und entwickelt Vertrauen in die Menschen, die es umgeben. Beziehungsrelevante Leitorientierungen, wie Fürsorglichkeit, Annahme, Ermutigung, Vertrauen oder gemeinsames Tun, stellen die Basis für die einzelnen Module des Elternkurses dar, der in Form von acht bis zehn Einheiten für Väter, Mütter und Großeltern angeboten wird.

Das Konzept „*Triple P*" (Positive Parenting Program = Positives Erziehungsprogramm) ist in Deutschland wegen seiner stark strukturiert vorgebenden Verhaltensanweisungen und der im Konzept fehlenden Möglichkeiten der Selbsterfahrung der Eltern nicht ganz unumstritten (Deegener/Hurrelmann 2002). Triple P hat eine klare Orientierung an *Lernprinzipien.* Es wurde in Australien von Matthew Sanders (Sanders 1999) speziell für depressive Mütter und verhaltensauffällige Kinder mit enger therapeutischer Begleitung entwickelt. Auf der Grundlage psychologischer Lerntheorien wurden z.B. Methoden der Belohnung und des geplanten Ignorierens entwickelt. Der Kurs vermittelt Techniken, die zu gezielten Anweisungen führen. Inzwischen wird der Kurs universell für alle Eltern angeboten.

Für Eltern, die kaum noch über Handlungsorientierungen verfügen, kann das Konzept klare Vorgaben bieten, an denen sie ihr Verhalten orientieren können. Das kann vor allen Dingen für Eltern, die mit ihren Kindern kaum noch positive Lebenszeit verbringen, erst einmal eine große Entlastung darstellen. Das große erzieherische Potential von Eltern, so meine Kritik an dem Ansatz, wird in der klar vorgegebenen Kursstruktur kaum berücksichtigt, da wenig Zeit und Raum für Elterngespräche untereinander und Selbsterfahrungsprozesse in den vier zweistündigen Trainingseinheiten vorgesehen sind. Durch vier telefonische Einzelgespräche von 20 Minuten wird das Programm ebenso ergänzt wie durch umfangreiches, jedoch relativ teures Informationsmaterial, das den Eltern zusätzlich empfohlen wird (Markie-Dadds et al. 2003).

Ebenfalls weit verbreitet, aber aus einer anderen wissenschaftlichen Schule stammend, ist das *STEP-Elterntraining,* es basiert auf individualpsychologischen Grundlagen nach Alfred Adler und Rudolf Dreikurs, die das Zugehörigkeitsgefühl des Individuums als Antrieb für sein Verhalten verstehen (Kühn/Petcov 2005). Seit 1998 gibt es in Deutschland STEP-Kurse. Das Konzept geht davon aus, dass jeder Mensch sich zugehörig fühlen will. Kinder fühlen sich zugehörig, wenn sie spüren, dass sie geliebt, respektiert und beachtet werden. Sie sollen Einfluss nehmen dürfen, in den Familienalltag eingebunden und in Entscheidungsprozesse mit einbezogen werden. Aber sie sollen auch lernen, die Konsequenzen ihres Handelns zu tragen. Erziehung soll ermutigen. In dem Kurs werden Eltern ermutigt, nicht perfekt sein zu müssen. STEP-Kurse passen zu Eltern, die motiviert sind, sich mit dem Thema Erziehung und mit sich selbst auseinanderzusetzen.

Im *Encouragingtraining* verdichtet sich der individualpsychologische Theoriehintergrund nach Alfred Adler und Rudolf Dreikurs zu einem handlungsorientierten Programm, bei dem ebenfalls die Ermutigung von Eltern und Kindern im Mittelpunkt steht. Es wurde dahingehend von Theo Schoenaker (2001) weiterentwickelt und wird im Adler-Dreikurs-Institut angeboten. Schritte der *Ermutigung,* die notwendig sind, damit Kinder sich positiv zugehörig fühlen können, werden auch im *Kess*-Erziehungstraining erlernt, das von der Arbeitsgemeinschaft Katholischer Familienbildung konzipiert wurde. Der Name Kess steht für kooperativ, ermutigend, sozial und situationsorientiert. Hier wurden weitere methodische Zugänge entwickelt, u.a. auch für die religiöse Erziehung, und es wird Wert darauf gelegt, durch das Angebot von nur fünf Seminareinheiten auch Eltern anzusprechen, die nicht so lange Verbindlichkeiten eingehen wollen. Es wird gelernt, „Edelsteinmomente" als besondere Momente der Begegnung wahrzunehmen und diese zu aktivieren. Eltern lernen, ihre ganze Aufmerksamkeit auf das Kind zu richten, ihm „aktiv" zuzuhören oder so authentisch zu sein, dass sie offen sagen, wenn sie gerade keine Zeit haben. Ein humorvoller Umgang mit Konflikten schafft die nötige innerliche Distanz bei drohenden Eskalationen. Der Fokus liegt auf der Wahrnehmung der *positiven Eigenschaften*, dadurch wird das Kind in seinem Selbstwertgefühl gestärkt. Es traut sich mehr zu und lernt Verantwortung zu übernehmen.

Die Struktur und der Inhalt des Familienprogramms *FuN – Familie und Nachbarschaft* sind insbesondere durch verschiedene Theorierichtungen der Systemischen Familientherapie geprägt (Brixius/Koerner/Piltman 2005). In FuN wird mit Eltern und Kindern nach einem achtstufigen immer wiederkehrenden Rahmenprogramm gearbeitet und dabei gleichzeitig Wert auf die Vernetzung mit einer Institution (z.B. Kindertagesstätte) und dem Stadtteil gelegt. Da das niederschwellige Konzept hauptsächlich in Zusammenarbeit mit Sozialisationsinstitutionen wie Kindertagesstätten und Grundschulen angeboten wird, können dadurch *auch* gezielt Eltern angesprochen werden, die einen besonderen erzieherischen Unterstützungsbedarf haben oder denen es an unterstützenden Kontakten im sozialen Umfeld fehlt. Durch praktisches erfahrungsorientiertes Lernen in der Eltern-Kind-Gruppe gewinnen die Eltern an Erziehungssicherheit, ihre notwendige Erziehungsautorität wird gestärkt sowie die Strukturbildung in der Familie gefördert. Kinder erfahren Halt und Orientierung durch ihre Eltern und lernen Regeln und Grenzen zu akzeptieren. Durch Kooperations- und Kommunikationsspiele am gemeinsamen Familientisch werden die *innerfamiliären Beziehungen gefestigt,* und im Programmpunkt Elternzeit wird der Schwerpunkt vor allem auf den Aufbau von solidarischen Kontakten außerhalb der Familie gesetzt.

Als Gegenpol zu den Angeboten mit einer Programmstruktur wird beim Jugendamt der Stadt Dortmund und demnächst auch in anderen Einrichtungen das Konzept *„Eltern Stärken"* sehr erfolgreich angeboten. Es arbeitet nach der dialogischen Anthropologie Martin Bubers und wurde von Johannes Schopp im Jugendamt Dortmund entwickelt (Schopp 2005a, Schopp/Wehner 2005b). In einem wahrhaftigen Dialog wird der Mensch ganzheitlich angesprochen, nicht nur der Kopf. „Begegnung" heißt im Kontakt mit sich selbst zu sein und mit dem Anderen.

Es werden, vorwiegend *dialogisch,* mit Hilfe der zehn Kernfähigkeiten des Dialogs, die für die Eltern aktuellen Themen gemeinsam erarbeitet. Dialogische Seminare sind immer als Prozesse zu sehen. Jeder Prozess entwickelt sich anders, ist einzigartig und gestaltet sich in seiner Tiefe und seinem Tempo unterschiedlich.

Der Dialog in den Seminaren ist mehr als nur Wissensvermittlung. Er ist vielmehr ein durch offene Fragen angeregter Austausch und führt zu gemeinsamem Lernen von- und miteinander, ohne Belehren, unter gleichwertigen Partnern.

Dieser Austausch soll den Einzelnen in die Lage versetzen, sein jeweiliges Verhaltensinventar so zu erweitern, dass es ihm in seinem jeweiligen Erziehungsalltag eine konkrete Hilfe ist und seiner Alltags- und Lebensbewältigung dient.

Durch die Wirkung von Aufmerksamkeit und Beachtung, die die Eltern selbst erleben konnten, können sie wiederum achtsamer mit den eigenen Kindern umgehen. Sie sind damit in der Lage, die dialogische Atmosphäre in den häuslichen Alltag zu übertragen.

Für den frühkindlichen Bereich der Primärprävention sei noch das Programm SAFE (Sichere Ausbildung für Eltern, Brisch 2007) erwähnt, das bindungsorientiert mit Eltern arbeitet.

Beeindruckende Beispiele aus Großbritannien präsentieren, wie Elternarbeit in die Gemeinwesenarbeit integriert sein kann (Early Excellence Centres – Pen Green): „Ein multifunktionales Haus mit einem interdisziplinären Team, in dem neben der Kleinkindbetreuung, der Eltern- und Erwachsenenbildung, dem Gesundheitswesen und Freizeitangeboten auch Weiterbildung und Studium möglich sind" (Wehinger 2005). Die Eltern werden darin unterstützt, sich nicht als Opfer der Verhältnisse zu erleben, sondern ihre Lebenswelt aktiv mit zu gestalten. Diese Beispiele dienten u.a. dem Kinder- und Familienzentrum Berlin-Schillerstraße als Vorbild, auch hier steht das erfahrungsorientierte Lernen im Dreiecksverhältnis Eltern-Kind-Professionelle einer Institution (Erzieherin/ Lehrerin) im Mittelpunkt. Kindertagesstätten, die zu Familienzentren ausgebaut wurden, bieten ebenfalls, je nach Konzept, viele Angebote unter einem Dach für Kinder und deren Familien an.

Dass die Kooperation der Eltern mit der Kindertageseinrichtung Auswirkungen bis in den Stadtteil haben können, zeigen Beispiele aus verschiedenen „Elternwerkstätten" – so wird z.B. netzwerkorientiert und integrativ mit speziellen Zielgruppen gearbeitet, z.B. mit Familien mit Migrationshintergrund. Eltern und Familien in schwierigen Lebenssituationen zu begleiten, kann demnach keineswegs nur bedeuten, ihnen Erziehungswissen zu vermitteln, sondern muss gleichzeitig auch ihre Handlungsoptionen erweitern helfen, die sie in die Lage versetzen, sich in ihrem Lebensraum als mitgestaltende Subjekte mit Selbstwirksamkeit erleben zu können.

Unter diesen Gesichtspunkten kann davon ausgegangen werden, dass Eltern *aller* Bildungs- und Sozialschichten bzw. Milieus zur kompetenten Wahrnehmung und Bewältigung ihrer Erziehungsaufgabe *Hilfen, Anregungen, Austausch und Unterstützung benötigen*, damit Eltern und Kinder ohne Stress und ohne Gewalt miteinander auskommen können, das Familienleben (wieder) Freude macht, das Selbstwertgefühl der Kinder ebenso gestärkt wird wie die Elternrolle, damit Eltern ihre Erziehungsautorität wahrnehmen lernen und Kinder sich angemessen entwickeln und entfalten können.

Mediale Angebote der Familienbildung sind nach wie vor die klassischen Printmedien in Form von Elternratgebern, Elternzeitschriften und Elternbriefen.

Die Elternbriefe des Arbeitskreises für Neue Erziehung, (die es bereits seit 1946 gibt und seither ständig erweitert und erneuert werden), werden von vielen Kommunen kostenlos versandt, wenn von den Eltern nach dem ersten unaufgefordert zugesandten Brief weitere Briefe per Rückantwort bestellt werden. Insgesamt werden 46 Elternbriefe verschickt (www.ane.de), die Familien von der Geburt des Kindes bis zu dessen achtem Lebensjahr begleiten. Diese ausschließlich textbasierte Wissensvermittlung stellt für viele Eltern eine hilfreiche Alltagsbegleitung dar. Für Eltern mit türkischem Migrationshintergrund gibt es zweisprachige Elternbriefe in Deutsch und Türkisch.

Das Internet spielt zunehmend für junge Eltern als Informationsquelle eine wichtige Rolle. Darum wird Familienbildung sich zukünftig verstärkt auch mit diesem Medium auseinanderzusetzen haben. Inzwischen gibt es bereits verschiedene Angebote, Konzepte und Projekte, mit denen versucht wird, Eltern über das anonyme Medium Internet zu erreichen. Vom Staatsinstitut für Frühpädagogik wurde 2001 das Konzept des „Online-Famlienhandbuchs" (www.familienhandbuch.de) entwickelt und vom Bundesministerium für Familie, Senioren, Frauen und Jugend sowie vom Bayerischen Staatsministerium gefördert. Fachbeiträge zu vielen Fragen, die mit Familienerziehung zu tun haben, werden hier den Nutzern und Nutzerinnen (Eltern, Erzieherinnen/Erzieher, Lehrerinnen/Lehrer und pädagogisch Interessierten) zugänglich gemacht. Darüber hinaus gibt es ein Diskussionsforum und eine gut geführte Linkliste mit Hinweisen auf weitere Informationen und Beratungsangebote. Ein weiterer Online-Ratgeber, „Eltern im Netz", bietet Vätern und Müttern die Möglichkeit, sich sowohl anonym und leicht verständlich zu informieren als auch bei Bedarf persönliche Beratung und Unterstützung in Anspruch nehmen zu können. Das Bayerische Landesjugendamt und zurzeit sieben bayerische Jugendämter (Nürnberg, Würzburg, Rosenheim, Neu-Ulm, Oberallgäu, Regensburg, weitere Jugendämter folgen demnächst) sind an dem Projekt beteiligt, das auch unter dem Gesichtspunkt entwickelt wurde, Eltern zusätzlich zu den Informationen über das Netz Rat und Hilfe vor Ort zukommen zu lassen. So werden unter der jeweiligen Postleitzahl (der beteiligten Jugendämter) kompetente Ansprechpartner/innen mit Telefonnummern und Sprechzeiten aufgelistet. Die Zeitschrift „Eltern for family" hat dieses Projekt mit einem Softwarepreis, der GIGA-Maus, als besten Internetauftritt für Eltern ausgezeichnet. Tatsächlich sind die Rückmeldungen von Vätern und Müttern ebenso wie von Fachleuten positiv.

Die drei von Schneewind entwickelten interaktiven CD-ROMs, die es auch als DVDs mit dem Titel „Freiheit in Grenzen" gibt, stellen kurze Filmszenen aus dem Familienalltag dar, und zwar gestaffelt nach Alter: drei bis sechs Jahre, sechs bis zwölf Jahre, Jugendalter. Die Eltern können erst eine Konfliktsituation ansehen und sich dann für eine der drei Lösungsmöglichkeiten entscheiden und erfahren, welche Konsequenzen die jeweilige Entscheidung haben kann. Es wird den Eltern ermöglicht, den autoritativen Erziehungsstil einzuüben, wobei sie sowohl erfahren, wie sie Grenzen setzen, als auch wie sie dem Kind liebevoll, akzeptierend und unterstützend begegnen können (Schneewind 2005).

Insgesamt muss ein Bewusstsein dafür geschaffen werden, dass es sich für das Familienklima, für die Entwicklung der Kinder, aber auch für das eigene Wohlempfinden lohnt, geeignete Formen der Unterstützung in Anspruch zu nehmen.

NIEDRIGSCHWELLIGE ZUGANGSWEISEN

Stark belastete Eltern, Eltern mit Migrationshintergrund, Teenagermütter oder psychisch erkrankte Eltern haben besonderen Unterstützungsbedarf und besuchen die Kursangebote mit einer „Kommstruktur" eher kaum. Aufgrund mangelnder finanzieller, zeitlicher und sozialer oder landessprachlicher Ressourcen fehlt dieser Zielgruppe oft die motivationale Kraft für eine Veränderung ihrer Lebenssituation, oder die Angst vor Erwartungen hindert sie an der Teilnahme.

Niedrigschwellige Zugangsweisen bieten die beiden Hausbesuchsprogramme für Eltern und ihre Vorschulkinder „Opstapje – Schritt für Schritt" (Sann/Thunn 2005) und „Hippy" (Hippy 2003) an. Opstapje ist ein präventives Spiel- und Lernprogramm im Rahmen der Frühförderung für Kleinkinder und deren Eltern aus sozial benachteiligten Familien und stammt ursprünglich aus den Niederlanden. Ebenso wie Hippy (Home Instruction für Parents of Preschool Youngsters), das aus Israel stammt, finden durch semiprofessionelle, geschulte Mitarbeiterinnen (ebenfalls Mütter aus unterschiedlichen Herkunftsländern) regelmäßige Hausbesuche (Geh-Struktur) bei sozial benachteiligten Familien statt. Durch speziell entwickelte Spielmaterialien, durch das Vorbild der Besucherinnen im Umgang mit dem Kind und der Haltung ihnen gegenüber und durch zusätzliche gemeinsame Müttertreffen soll die Eltern-Kind-Interaktion unterstützt und die Entwicklung des Kindes gefördert werden. Die beiden nächsten Angebote „STEEP" und „Circle of Security" basieren auf bindungstheoretischen Grundlagen und versuchen die Selbstwirksamkeit der Eltern und damit die Beziehung zu dem Kind zu verbessern. STEEP wurde als Frühinterventionsprogramm in Minnesota entwickelt und mit Müttern aus Hoch-Risiko-Gruppen und deren Kindern durchgeführt. In Deutschland haben Suess und Kissgen (2005) das Programm im Rahmen einer Studie mit schwer belasteten Müttern in Zusammenarbeit mit der University of Minneapolis durchgeführt und evaluiert. Ziele sind u.a. die Veränderung der Interaktion zwischen den jungen Müttern und ihren Kleinkindern und die Unterstützung der Bindungssicherheit zwischen Mutter und Kind. Soziale Unterstützung erhalten die Mütter sowohl von professionellen Mitarbeiterinnen/Mitarbeitern als auch durch den Austausch und die Gespräche mit anderen betroffenen Müttern in den Gruppensitzungen. Es werden Hausbesuche mit Videoanalysen der Mutter-Kinder-Interaktion durchgeführt sowie eigene Kindheitserfahrungen der Mütter reflektiert. Die Beziehungsqualität zur professionellen Begleiterin stellt ein Modell für ein sicheres Bindungsverhalten dar, das den Müttern als Vorbild dienen kann. Die in den USA durchgeführten Evaluationen bestätigen eine Verbesserung der Beziehungs- und Bindungsqualität zwischen Mutter und Kind. „Circle of Securitiy" (Zirkel der Sicherheit) basiert ebenfalls auf der Grundlage bindungstheoretischer Erkenntnisse und spricht gefährdete Mütter und Väter mit ihren Kindern im vorschulpflichtigen Alter an. In Kleingruppen von bis zu sechs Eltern(teilen) werden Video-Aufzeichnungen von Interaktionssequenzen zwischen Mutter-Kind/Vater-Kind im Hinblick auf individuell zu erarbeitende Erziehungs- und Behandlungsziele analysiert. Es wird dargestellt, welches elterliche Verhalten welche Konsequenzen für die Eltern-Kind-Interaktion haben kann: Verhalten sich die Eltern abweisend oder inkonsequent, dann hat das zur Folge, dass sich das Kind unverstanden fühlt, es weint, sich nicht beruhigen lässt, was wiederum zur Konsequenz hat, dass die Eltern hilflos, unsicher oder verärgert sind und aus dieser Erfahrung heraus ein eher abweisendes Verhalten zeigen. Diesem „Teufelskreis der Interaktion" wird der „Engelskreis" gegenübergestellt: Wenn sich die Eltern feinfühlig verhalten, dann fühlt sich das Kind verstanden und reagiert positiv mit Kooperation, Selbstregulation oder Exploration. Die Eltern sind zufrieden, fühlen sich kompetent und können sich aus diesem Grund wiederum feinfühlig auf das Kind einstellen (Berkic, Schneewind 2008).

Die „Bestandsaufnahme und Evaluation von Angeboten im Elternbildungsbereich" (Lösel 2006) konnte 2004 knapp 28 000 (!) Angebote mit familienorientierten Präventionsangeboten finden. Die Zahl der kontrollierten Evaluationsstudien belief sich für die Zeit von 1976-2005 aber lediglich auf 27 Studien. Dabei zeigten sich insgesamt geringe bis mittlere Effektstärken. Vor allen Dingen bei universellen Programmen waren die eltern- und kindbezogenen Effekte nicht klar ersichtlich, hingegen scheinen Programme, die gezielt auf bestehende, entwicklungshemmende Verhaltensweisen und Haltungen der Eltern eingehen und die Eltern-Kind-Interaktionen konkret verbessern helfen, eine höhere Wirksamkeit zu zeigen. Die meisten Studien können aufzeigen, dass die Effekte im Laufe der Zeit eher wieder abnehmen, wenn die Teilnehmer/innen nicht mehr an den Angeboten teilnehmen. Das spräche dafür, Eltern über einen längeren Zeitraum und möglichst schon sehr früh die Möglichkeit zu geben, Unterstützungsangebote wahrzunehmen.

Soziale Frühwarnsysteme

Überforderungssituationen in Familien resultieren meist aus prekären Lebenslagen, die aufgrund von Armut, Arbeitslosigkeit, Krankheit und Sucht, sozialer oder kultureller Vereinzelung entstehen können und die häufig mit familiären Krisen, Konflikten und Gewalterfahrungen gekoppelt sind. Bei allgemein wachsendem Erwartungsdruck auf das Erziehungsverhalten der Eltern kann die Erfahrung der eigenen Selbstwirksamkeit immer geringer werden und zu Entgleisungen im Familienalltag und zu Gefährdungen des Wohls des Kindes führen. Kinder oder Eltern geben häufig unterschiedliche, zum Teil auch verschlüsselte Signale ihrer Situation, die frühzeitig wahrgenommen und auf die reagiert werden muss. Soziale Frühwarnsysteme haben zum Ziel, schwierige Lebenssituationen von Kindern und Familien frühzeitig wahrzunehmen und zu handeln, bevor sich die Schwierigkeiten verfestigen. „Die besondere und produktive Kraft des sozialen Frühwarnsystems liegt im Wechsel des fachlichen Blickes von der Defizitdiagnose hin zur Spurensuche nach den Ressourcen. Das soziale Frühwarnsystem ist geleitet von einem grundlegenden Vertrauen in die vorhandenen Stärken oder (wieder zu) entdeckenden Fähigkeiten zur Selbstbestimmung von Familien. Durch diesen Zugang machen die Familien die Erfahrung, dass sie kompetent sind, aktiv eine Veränderung ihrer Lebenssituation bewirken und Krisen meistern können" (Ministerium für Gesundheit, Soziales, Frauen und Familie des Landes NRW 2005, 34). Die Basiselemente des sozialen Frühwarnsystems werden als Wahrnehmen, Warnen und Handeln beschrieben (ebd. 11), wobei sich die Wahrnehmung auf signifikante Signale von problematischen Entwicklungen in allen Lebensbereichen des Kindes bezieht. Mit dem Basiselement Warnen ist die Weitergabe eindeutiger Beobachtungen an handelnde Personen oder Institutionen angesprochen. Gemeint sein könnte hier die Aktivierung der Eltern, der Jugendhilfe und der Gesundheitsdienste oder Beratungsstellen. Warnen bedeutet nicht Verwarnen, sondern setzt auf Transparenz und nicht auf Sanktionen. Unter dem Basiselement Handeln wird das konsequente, direkte Reagieren auf Warnmeldungen verstanden, mit dem Ziel, zusammen mit den Akteuren Kontrakte, Vereinbarungen oder andere gemeinsame Lösungen zu finden.

Wichtig ist hierbei der Aufbau geschlossener Reaktionsketten in Form des Ausbaus und der Optimierung der Kommunikation sowohl innerhalb von Institutionen als auch zwischen den Institutionen und vor allen Dingen zwischen Kindern und Eltern. Seit September 2001 wurden in NRW, gefördert durch das Land, an verschiedenen Standorten soziale Frühwarnsysteme aufgebaut. So wurden Kooperationen zwischen Jugendämtern, Kindertagesstätten, Schulen und dem Gesundheitssystem entwickelt: Institutionen, die mit den Kindern und Familien an den biografischen Übergängen, wie der Geburt, dem Eintritt in die Kita oder Schule Kontakt hatten. Gerade in Übergangssituationen reagieren Eltern häufig besonders überfordert und fühlen sich in ihrer Verantwortung alleingelassen. Übergänge (Transitionen) stellen sowohl eine Abschiedssituation als auch einen Neubeginn dar. Je stärker Menschen diese Übergänge als Krisen erleben und sich als wenig selbstwirksam, desto eher reagieren sie anders als gewöhnlich und sind weniger belastbar, sensibler oder vielleicht auch aggressiver oder ängstlicher. Rückzug oder Regression können ebenso typische Verhaltensweisen sein wie Aggression und Entgleisungen des Verhaltens. Ziel ist es, so frühzeitig wie möglich Risiken in Familien zu erkennen und Hilfen an die Familien heranzutragen.

Viele Kommunen nehmen die Geburt des Kindes zum Anlass, mit den Eltern in einen positiven Kontakt zu kommen – Kinderwillkommenspakete (Kiwi in Köln) sind mit einem angekündigten Besuch kommunaler oder ehrenamtlicher Mitarbeiter verbunden. Hierbei werden Eltern nicht nur auf Beratungs- und Unterstützungsmöglichkeiten aufmerksam gemacht, sondern sie haben eine Kontaktperson, an die sie sich im Notfall wenden können. Gleichzeitig erhalten die Mitarbeiter/innen einen ersten Eindruck von der Lebenssituation der Familie. Durch das direkte Zugehen auf die Familien können viele Eltern erreicht werden, die sonst nicht so schnell erfasst würden.

ELTERNBILDUNG NICHT FÜR, SONDERN MIT ELTERN – AUF DIE HALTUNG KOMMT ES AN

Wenn Elternbildung davon ausgeht, dass es *nur* die Eltern sind, die etwas zu lernen haben, und dass es die Pädagoginnen und Pädagogen sind, die als die Wissenden diese Lernangebote *für* Eltern zu konzipieren haben, dann werden Eltern als Zielgruppe bestimmter Angebote schnell zu defizitären Objekten herabgesetzt und lediglich zu Rezipienten von Programmen und Maßnahmen. Das hat nicht nur Einfluss auf eine partnerschaftliche Zusammenarbeit, sondern nimmt Pädagogen und Pädagoginnen auch die Chance, von Eltern lernen und deren Sichtweise verstehen zu können. Selbst Ärzte und Ärztinnen haben in den letzten Jahren erkannt, dass sie ihre Patienten und Patientinnen einbeziehen und nicht in erster Linie *für* sie, sondern *mit ihnen* die Diagnose und die Behandlungsmethoden erstellen müssen, um einen besseren Heilungserfolg zu erzielen. Väter und Mütter wollen nicht in erster Linie belehrt, beschult, trainiert oder in Sachen

„richtiger Erziehung" unterwiesen werden, sondern sie wollen dabei begleitet werden, ihren eigenen Weg in der Erziehung zu finden. Das setzt eine radikale Achtung bei den Pädagoginnen und Pädagogen für die unterschiedlichen Lebensweisen von Familien voraus.

Der Anspruch eines ressourcenorientierten Ansatzes wird in fast allen Konzepten der Elternbildung postuliert, in der praktischen Umsetzung allerdings werden Eltern oft nicht als Expertinnen und Experten ihrer Mutter- bzw. Vaterrolle anerkannt. Wenn das Programm so aufgebaut ist, dass Eltern vorwiegend als Adressatinnen und Adressaten von Lernangeboten angesprochen werden und von „Elterntrainer/innen" neben Wissen und Informationen auch exakte Handlungsanweisungen erhalten, bleibt das Potential der Teilnehmer/innen weitgehend ungenutzt. Wird demgegenüber der *Beratung und Begleitung der Eltern untereinander* viel Raum gegeben und ist das Selbstverständnis der Multiplikator/innen vorwiegend dadurch geprägt, die Selbstorganisation des Einzelnen und der Gruppe zu unterstützen, kann damit einer defizitären Fremdwahrnehmung (und Selbstwahrnehmung der Eltern) entgegengewirkt werden. Voraussetzung ist allerdings, dass Multiplikatorinnen und Multiplikatoren mit Eltern wirklich zusammenarbeiten *wollen* und nicht befürchten, dass ihr fachliches Ansehen geschwächt wird, wenn sie Väter und Mütter als diejenigen einbeziehen, die ihren Kindern am nächsten stehen und viel über sie und ihr Zusammenleben mit ihnen wissen.

Eine wohnortnahe, vertraute Institution, in der Eltern persönlich angesprochen werden, ist besonders niedrigschwellig. Durch die Integration unterschiedlicher Familienbildungsangebote, zusätzlicher Beratungsstunden oder Familienprogramme in einer Kindertagesstätte oder einem Familienzentrum, entfällt für die Nutzer/innen die Schwellenangst. Die Angebote können ohne aufwändige Anfahrten mit gleichzeitiger Kinderbetreuung in den bekannten Räumen wahrgenommen werden. Durch die persönliche Ansprache kann meist mit positivem Ergebnis eine Mitbeteiligung oder ein Besuch der Kurse initiiert werden. Damit kommt den Erziehern/Erzieherinnen eine Schlüsselposition für die Vermittlung der Angebote zu. Das bedeutet u.a. auch, dass der/die Leiter/in und die Erzieher/innen der Einrichtung, in der das Programm angeboten wird, dieses nicht nur kennen, sondern auch selbst davon überzeugt sein müssen und es inhaltlich mit ihrer professionellen Haltung übereinstimmen muss, um Eltern dafür gewinnen zu können. In einem Modellprojekt soll in NRW jede dritte Kindertageseinrichtung innerhalb der nächsten Jahre in ein so genanntes Familienzentrum umgewandelt werden, in dem neben der pädagogischen Arbeit mit Kindern auch die Familienbildung und -beratung sowie Serviceleistungen rund um die Familie möglich werden.

Elternbildung hat viele Gesichter, Elternkurse werden in Zukunft ebenso bedeutsam bleiben wie Erziehungspartnerschaften und die vernetzte Arbeit in Familienzentren und anderen Mitbeteiligungsprojekten in Stadtteilen, in denen vorwiegend durch gemeinsames Lernen und Teilhabe, durch den Lebensvollzug selbst, durch Nachahmung, Erkunden und Experimentieren neue Erfahrungsräume erschlossen werden können, die sich auf den Erziehungsalltag übertragen lassen.

Die grundsätzliche Frage aber ist, ob Elternbildung so konzipiert ist, dass sie es schafft, von einer Stufe der Belehrung durch Wissende und Expertinnen und Experten herunterzusteigen und Eltern mit ihren Potentialen, nämlich ihren eigenen Erziehungserfahrungen, ihren bisherigen Problembewältigungsstrategien, ihrem Umgang mit der Vater- und Mutterrolle, ihren Beobachtungen im Familienalltag und ihrem Sachverstand im Hinblick auf ihr eigenes Kind ernst zu nehmen. Meiner Auffassung nach gilt es, besonders diese Ansätze zu unterstützen und auszubauen, in denen sich die Fachlichkeit der pädagogischen Mitarbeiter/innen mit den Kenntnissen, Erfahrungen und der „intuitiven Erziehungsvernunft" (Papousek 1996) der Eltern verbinden kann, damit diese das gemeinsam zusammengetragene Potential individuell für die Stärkung ihrer Erziehungsfähigkeiten nutzen können. Insgesamt sollte ein gesellschaftliches Klima herrschen, in dem es als ein Zeichen von Reife und Verantwortungsbewusstsein verstanden wird, wenn sich Eltern im Umgang mit ihrem Kind Unterstützung und Beratung holen bzw. sich vorbeugend mit Erziehungs-, Bildungs- und Alltagsfragen auseinandersetzen.

ERZIEHUNGS- UND BILDUNGSPARTNERSCHAFTEN

Nicht nur weil Familien eine entscheidende Bedeutung für den Bildungserfolg und die Lebenschancen von Kindern haben, ist ein gelungenes Zusammenwirken von Eltern und Kindertagessstätten und Schulen erforderlich.

Mit dem Begriff der Erziehungs- und Bildungspartnerschaft wird ein Verhältnis zwischen den Eltern und den Erzieherinnen/Erziehern oder Lehrerinnen/Lehrern angesprochen, in dem alle Akteure und Akteurinnen die Verantwortung für die Förderung, aber auch für die Betreuung und Erziehung des Kindes übernehmen. Das gemeinsame Dritte – nämlich das Kind – könnte die Beteiligten im Idealfall derart miteinander verbinden, dass Eltern und pädagogische Fachkräfte im regelmäßigen Austausch über die Wahrnehmungen und Beobachtungen der Entwicklungen des Kindes stehen und gemeinsame Wege finden, das Kind in seinen Lern- und Entwicklungsprozessen angemessen zu fördern. Eltern und Erzieher/innen können weder gegeneinander noch ohne einander ihre Aufgabe erfüllen, Kinder zu betreuen, zu erziehen und zu bilden.

Das Ziel einer Bildungs- und Erziehungspartnerschaft bedarf besonderer Anstrengungen, um es in den Systemen „Kindertagesstätte" und „Schule" zu verankern. Zurzeit gibt es Bestrebungen seitens der Kultusministerien der Länder zur Förderung der Zusammenarbeit zwischen Familie und Schule. Wenn (Erziehungs-)Partnerschaften Qualitätsmerkmale in KiTas und Schulen sein sollen, müssen sie erarbeitet und gelebt werden. Voraussetzungen dafür sind: institutionelle, strukturelle und juristische, aber ebenso die professionelle Haltung der pädagogischen Experten und Expertinnen und die Bereitschaft der Eltern zur Mitarbeit. Kinder lernen, dass Elternhaus, KiTa, Schule zwar nicht immer einer Meinung sind, aber nicht gegeneinander ausgespielt werden können. Kernstück der Erziehungspartnerschaft ist das persönliche Elterngespräch. Voraussetzungen dafür sind die dialogische Haltung und Offenheit der pädagogischen Fachkraft, strukturelle Bedingungen, wie Zeiten und Räume, in denen Begegnungen und Teilhabe stattfinden können, sowie strukturelle Voraussetzungen der Institutionen.

Zumindest könnte durch die Transparenz von Informationen, die das Kind betreffen, sichergestellt sein, dass Elternhaus, KiTa und Schule, so weit es möglich ist, gemeinsame Ziele verfolgen. Pädagogische Fachkräfte könnten durch diesen Austausch Hintergründe für Verhaltensweisen des Kindes und dessen Lebenssituation erfahren und dadurch das Kind besser kennen lernen. Für diese Form der Zusammenarbeit benötigen Eltern, Erzieher/nnen und Lehrer/innen in erster Linie die Bereitschaft, mit den anderen Erziehungsinstanzen zusammenarbeiten zu wollen und diese nicht als Konkurrenten wahrzunehmen.

Wenn verschiedene Akteure und Akteurinnen, nämlich die Eltern, mit je eigenen Vorstellungen, Werten und Erfahrungen, die Kindertageseinrichtungen mit den Erzieherinnen und Erziehern oder die Schule und damit die Lehrerinnen und Lehrer definieren, was ihnen in der Erziehung wichtig ist, wird es zu unterschiedlichen Erziehungsvorstellungen kommen, die zu Missverständnissen oder Ablehnung führen können. Wenn z.B. die Erzieherin die Autonomie eines Kindes besonders unterstützen möchte, während eine sehr ängstliche Mutter darauf bedacht ist, ihr Kind vor allen Gefahren zu beschützen, wird es sicher zu Meinungsverschiedenheiten kommen. Die Mutter will ihr Kind aus Angst vor Überforderung oder vor möglichen Unfällen entlasten und erwartet das auch von der Erzieherin, die dem Kind viel zutraut und es eher unterstützt im Explorieren und Erproben der eigenen Kräfte. Nur wenn solche heterogenen Ansatzpunkte und die jeweiligen Erfahrungen, Befürchtungen und Ängste offen kommuniziert werden, kann sich das notwendige Vertrauensverhältnis zwischen Eltern und Erzieherinnen oder Lehrkräften einstellen.

7.3 Empfehlungen für einen guten Start ins Leben

Im Laufe der letzten Jahre ist eine Vielzahl von Möglichkeiten zur Unterstützung von Eltern entstanden, die prinzipiell für die unterschiedlichsten Lebenslagen und Lebensformen von Familien geeignete Angebote bereithält. Dennoch lässt sich feststellen, dass ein großer Teil der Eltern und gerade auch Familien in besonders belastenden Lebenslagen von diesen Angeboten häufig nicht frühzeitig erreicht werden.

Aufgrund mangelnder Kapazitäten fehlt es an einer flächendeckenden Ausweitung bedarfsgerechter Angebote; vorhandene Angebote werden häufig nicht genutzt, weil Eltern keine Kenntnis davon haben, der

Zugang besonderer Kompetenzen und Ressourcen bedarf, über die nicht alle Eltern verfügen, oder sich Eltern in ihren speziellen Bedürfnissen nicht angesprochen bzw. in ihrer persönlichen Lebenssituation nicht verstanden fühlen. Außerdem mangelt es an einer sinnvollen Vernetzung der verschiedenen Angebote.

Die folgenden zehn Empfehlungen sollen einige (der vielen) Perspektiven darstellen, die Kindern *aller Eltern* einen guten Start ins Leben ermöglichen helfen.

- Gesellschaftliche Aufwertung der Elternschaft (Kultur der Ermutigung)
- Unterstützung elterlicher Erziehungskompetenz durch Angebote der Elternbildung
- Eltern als Personen mit eigenen Bedürfnissen wahrnehmen
- Verbesserte gesellschaftliche Rahmenbedingungen
- Interdisziplinäre Kooperation von Erziehungs- und Bildungssystem mit Gesundheits- und Sozialdiensten
- Förderung bedarfsgerechter Angebotsstruktur im Sozialraum
- Förderung von Erziehungspartnerschaften
- Förderung der Mitbestimmung und Mitgestaltung von Eltern und Kindern an und in ihrem Lebensraum
- Unterrichtsfach in der Schule „Projekt Leben lernen"
- Professionelle (dialogische) Haltung Eltern gegenüber und in der Zusammenarbeit mit interdisziplinären Partnern/Partnerinnen

ÜBUNGS- UND WIEDERHOLUNGSFRAGEN

1. Welche Arten von Prävention stellt Caplan vor und wonach richtet er sich?
2. Welche gesellschaftlichen Einflussfaktoren müssten bei der Prävention familiärer Gewalt mitberücksichtigt werden?
3. Weshalb erreichen Angebote der Primärprävention gewaltbelastete Familien oftmals nicht?
4. Welche Eckpfeiler der Elternbildung gibt es?
5. Weshalb trifft der Satz „Diejenigen, die es brauchen, werden von Elternkursen nicht erreicht" so nicht unbedingt zu?
6. Welche rechtliche Grundlage gibt es zum dem Satz: „Kinder haben ein Recht auf Erziehung"?
7. Welche Unterstützungsangebote stehen Eltern zur Verfügung?
8. Beschreiben und vergleichen Sie unterschiedliche Formen der Elternbildung.
9. Welche Möglichkeiten bieten primärpräventive Angebote?
10. Warum ist ein ressourcenorientierter Ansatz in der Elternbildung sinnvoll?
11. Nennen Sie Empfehlungen, um alle Eltern erreichen zu können.
12. Warum ist die Kooperation beteiligter Institutionen bedeutsam?
13. Welche Möglichkeiten bietet die sozialraumorientierte Sozialpädagogik und Soziale Arbeit in der Elternbildung?
14. Wie könnte sich eine interdisziplinäre Kooperation zwischen Erziehungs- und Bildungssystem und Gesundheits- und Sozialdiensten gestalten? Verdeutlichen Sie dies an einem Beispiel.
15. Was muss bei der Förderung von Erziehungspartnerschaften berücksichtigt werden?
16. Wie kann Schule in die Unterstützung von Eltern und Kindern eingebunden werden?

17. Was sind bei der Auswahl der geeigneten Unterstützungs-
    maßnahmen für Eltern wesentliche Qualitätskriterien?
18. Welche Fragen könnten Eltern bei der Auswahl
    des richtigen Angebotes helfen?
19. Nennen Sie Präventionsüberlegungen für einen guten
    Start ins Leben.
20. Was verstehen Sie unter einer „Kultur der Ermutigung"?

8. ZUSAMMENFASSUNG

Insgesamt ist festzuhalten, dass es sich bei Elternschaft und Erziehungsalltag um schwierige Bewältigungskontexte handelt. Alle institutionellen
Betreuungs- und Bildungsorte (KiTa, Schule, Familienzentrum) haben
neben der Bildungs- und Erziehungsarbeit der Kinder die wichtige
Aufgabe, mit Eltern ins Gespräch zu kommen, sie zu unterstützen und
zu entlasten und sie von der Vorstellung und dem Druck zu befreien,
ihre Erziehungsprobleme seien vorwiegend durch persönliche Unfähigkeit entstanden. Das Verständnis pädagogischer Fachkräfte für
die Ambivalenzen im Familienleben und deren Unterstützung kann
ebenso entlastend sein wie das Erproben neuer Handlungsoptionen
im Kontext stabiler und verbindlicher Netzwerke.

Entdecken Eltern neue Beteiligungsspielräume außerhalb ihrer
Familie, wie z.B. in KiTas, Schulen oder im Sozialraum, können u.a.
durch die Begegnungen und produktive Zusammenarbeit mit anderen
Eltern, Erzieherinnen und Lehrerinnen Selbstwirksamkeit und Zufrieden-
heit wieder wachsen. Die Teilhabe und (Mit-)Gestaltungsmöglichkeit
von Familien an ihrem Lebensraum kann das Bewältigungsverhalten
im privaten Familienalltag positiv beeinflussen. Die verschiedenen
Formen der Zusammenarbeit mit Eltern können in Anlehnung an

den Erziehungswissenschaftler Lothar Böhnisch (1997, 111) als „pädagogische Netzwerke (...), in denen gegenseitig Information und Entlastung in Sachen Elternschaft und Erziehung stattfinden können", bezeichnet werden.

Die Dimension des sozialen Rückhalts wird in einer sich ständig wandelnden Gesellschaft, „... in der die Arbeitswelt entfremdet und die gesellschaftspolitische Lage unübersichtlich geworden ist", immer bedeutungsvoller. Die Erwartungen an die lokale und die private Beziehungswelt steigen. Für Böhnisch spielen in diesem Kontext die Begriffe „Milieubindung" und „Sicherheitsgefühl" eine wichtige Rolle. Unter „Milieu" versteht er dabei „ein sozialwissenschaftliches Konstrukt, in dem die besondere Bedeutung persönlich überschaubarer, sozialräumlicher Gegenseitigkeits- und Bindungsstrukturen – als Rückhalt für soziale Orientierung und soziales Handeln – auf den Begriff gebracht ist" (Böhnisch 1997, 50). Milieubeziehungen unterstützen die Lebensbewältigung in kritischen Lebenssituationen ebenso wie lebensweltliche „Sicherheitsdimensionen": „Menschen sind in der Lage und bereit, soziale Herausforderungen anzunehmen und sich sozial zu engagieren, wenn sie sich sozial abgesichert fühlen und in ihrem sozialen Handeln nicht immer gleich ein Existenzrisiko befürchten müssen" (Böhnisch 1997, 53). Auf die Bedeutung der damit verbundenen Selbstwirksamkeit wurde im Zusammenhang mit der Salutogenese hingewiesen.

Milieubeziehungen haben für Bewältigungsprobleme, die in Verbindung mit Erziehung und Elternschaft stehen, eine hohe Bedeutung. Soziale Netzwerke, wie sie durch Eltern-Kind-Gruppen, lokale Bündnisse für Familien, Familienzentren oder in der Eltern(zusammen)arbeit entstehen, können zu wahlfamiliären Unterstützungssystemen werden. Darüber hinaus stellen die Bereiche Wohnen, Arbeiten, Kinderbetreuung, Vereinbarkeit von Familie und Beruf und Freundschaftsbeziehungen die lebensweltliche Sicherheitsdimension dar. Hier muss Soziale Arbeit mit Familien ansetzen. Böhnisch hebt hervor, dass es nicht genügt, soziale Sicherheit nur sozialstaatlich zu fordern, sondern diese muss immer auch „lebensweltlich aktiviert und gestaltet werden" (Böhnisch 1997, 53). Von daher spielt die Aktivierung zur Selbsthilfe eine wichtige Rolle im Bereich der Zusammenarbeit mit Eltern.

In schwierigen Lebenssituationen geht es immer darum, die subjektive Handlungsfähigkeit wieder herzustellen. Biografisch erworbene Bewältigungskompetenzen können in kritischen Lebenssituationen aktiviert und erweitert werden und bestimmen das Bewältigungshandeln.

Das elterliche Verhalten im Hinblick auf die Auswirkungen auf das Kind wurde in dem von der Autorin entwickelten Konzept einerseits in kompetenz- und entwicklungsfördernde Faktoren und andererseits in entwicklungshemmende Faktoren unterteilt. Ein Bewältigungsverhalten, das die Kompetenzen des Kindes fördert, ist gekennzeichnet durch:

- ein angemessenes (gewaltfreies) Interaktions- und Kommunikationsverhalten,
- die Wahrung der Rechte des Kindes,
- positive Selbstwerterfahrungen und Kontrollüberzeugungen der Eltern.

„In kompetenzfördernden Familien verfügen Eltern über eine gute Überzeugung ihrer Selbstwirksamkeit. Der Selbstwert aller Familienmitglieder ist von daher hoch, und die Kommunikation ist offen und direkt. Es gibt Regeln, die allen bekannt sind. Eltern erleben sich weniger als Opfer der Situation, denn als Handelnde und Mitgestaltende im Erziehungsprozess" (Tschöpe-Scheffler 2003, 47).

Die elterliche Überzeugung von der eigenen Handlungskompetenz in schwierigen Erziehungssituationen ist nicht ohne weiteres vorhanden, sondern entwickelt sich „... mit zunehmendem Wissen über die kindliche Entwicklung und mehr Erfahrungen im Umgang mit dem Kind" (vgl.Tschöpe-Scheffler 2003, 48). Die Beziehungsfertigkeiten, die im Erziehungsalltag benötigt werden, müssen, wie alle Fertigkeiten, erlernt werden. Dieser Lernprozess erfordert eine hohe Bereitschaft des Erwachsenen zu Offenheit, Selbstkritik, Selbsterfahrung und Selbsterziehung und letztlich auch zum Austausch mit anderen.

Es wurde gezeigt, wie sich die positive Selbstwerteinschätzung und die elterliche Kompetenzerfahrung durch Dauerbelastung, krisenhafte Ereignisse und spezielle Lebenssituationen verändern können. Besonders dann, wenn Schwierigkeiten und Konflikte auftreten, zeigt sich, inwieweit das Vertrauen in die eigenen Fähigkeiten aufrechterhalten werden kann (vgl. Tschöpe-Scheffler 2003, 47 f.). Besonders wenn Eltern in schwierigen Erziehungssituationen nur eingeschränkte Bewältigungsressourcen haben und ihnen ein soziales Netzwerk fehlt, kann es zu Formen entwicklungshemmender Interaktionen kommen, die das Bewältigungssystem bestimmen. Als Ausprägungsformen dieses Verhaltens zeigen sich entwicklungshemmende Interaktionen in nichtkonstruktiven Konfliktlösungen sowie Stress bis hin zu Formen psychischer und physischer Gewalt in Familien (vgl.Tschöpe-Scheffler 2003, 75 ff.).

Die Art und Weise, wie Eltern und Kinder mit schwierigen Situationen im Erziehungs- und Familienalltag umgehen, hängt sicherlich zunächst von ihren personalen Ressourcen ab. Hier spielen die kognitiven, psychischen und emotionalen Voraussetzungen ebenso eine Rolle wie ihr Gefühl von Selbstwirksamkeit, ihre kulturelle und Milieuzugehörigkeit oder ihre bisherigen biografischen Kompetenzerfahrungen. Allerdings dürften die „Qualität des Umfeldes und damit auch die sozialen Ressourcen darüber entscheiden, inwieweit es zu einer Überforderung oder zu Anpassungs- und Steuerungsmöglichkeiten in konkreten Lebenssituationen kommen kann" (Tschöpe-Scheffler 2003, 50).

Präventions- und Interventionskonzepte in der Eltern- und Familien(zusammen)arbeit müssen sowohl die sozialen Ressourcen der Familien sozialräumlich und netzwerkorientiert aktivieren als auch das individuelle Bewältigungsverhalten stärken. Dies bedeutet eine größtmögliche Teilhabe von Eltern und Kindern überall dort, wo es um sie und ihre Belange in ihrem Lebensumfeld geht.

Auch wenn in diesem Lehrbuch die Fokussierung auf das Erziehungsgeschehen und die Förderung der Erziehungskompetenz von Eltern im Mittelpunkt stehen, soll abschließend nicht unerwähnt bleiben, dass die Basisvoraussetzungen für entwicklungsfördernde Erziehung sowie für ein gelingendes Familienleben nach wie vor gute sozioökonomische, bildungspolitische und sozialräumliche Rahmenbedingungen, die Vereinbarkeit von Familie und Beruf, eine positive Würdigung und die gesellschaftliche Anerkennung von Familienarbeit sind.

LITERATUR

Adorno, T.W. (1956): Individuum. In: Soziologischer Exkurs. Nach Vorträgen und Diskussionen. Institut für Sozialforschung. Frankfurt/M., Europäische Verlagsanstalt, S. 40-54

Adorno, T.W. (1995): Studien zum autoritären Charakter, Frankfurt/M.

Ainsworth, M.D.S./Bell, S.M. (1970): Bindung, Exploration und Trennung am Beispiel des Verhaltens einjähriger Kinder in einer „Fremden Situation". In: Grossmann, K./Grossmann, K.E. (Hrsg.) (2003): Bindung und menschliche Entwicklung, Stuttgart, S. 146-168

Ainsworth, M.D.S. (1974): Feinfühligkeit versus Unfeinfühligkeit gegenüber den Mitteilungen des Babys. In: Grossmann, K./Grossmann, K.E. (Hrsg.) (2003): Bindung und menschliche Entwicklung, Stuttgart, S. 414-421

Ainsworth, M.D.S (1985): Mutter-Kind-Bindungsmuster. Vorausgegangene Ereignisse und ihre Auswirkungen auf die Entwicklung. In: Grossmann, K./ Grossmann, K.E. (Hrsg.) (2003): Bindung und menschliche Entwicklung, John Bowlby, Mary Ainsworth und die Grundlagen der Bindungstheorie, Stuttgart, S. 317-340

Allgäuer, S. (2001): Dokumentation der Enqueten: Psychische Gewalt am Kind, Wien

Antonovsky, A. (1997): Salutogenese. Zur Entmystifizierung der Gesundheit, Tübingen

Arbeitskreis Neue Erziehung e.V. (2001): Elternbriefe in: www.ane.de

Ariés, P. (1978): Geschichte der Kindheit, München

Armbruster, M.M. (2006): Eltern- AG, Heidelberg

Bäuerle, W. (1971): Theorie der Elternbildung, Weinheim

Bandura, A. (1994): Self-efficacy. The exercise of control, New York

Bauer, P./Brunner, E.J. (Hrsg.) (2006): Elternpädagogik. Von der Elternarbeit zur Erziehungspartnerschaft, Freiburg i.Br.

Bauer, J. (2006): Prinzip Menschlichkeit, Hamburg

Baum, D. (2007): Elternschaft als Bildungsthema, Linz

Baumrind, D. (1991). Effective parenting during the early adolescent transition. In: Cowan, P.A./Hetherington, E.M. (Hrsg.): Family transitions, Hillsdale, S. 111-163

Beck, U. (1986): Risikogesellschaft. Auf dem Weg in eine andere Moderne, Frankfurt/M.

Beck, U. (1994): Jenseits von Stand und Klasse? In: Beck, U./Beck-Gernsheim E. (Hrsg.): Riskante Freiheiten, Frankfurt/M., S. 43-60

Beck-Gernsheim, E. (2000): Was kommt nach der Familie? Einblicke in neue Lebensformen, München

Belsky, J. (1984): The determinants of parenting: A process model. Child Development, 55, S. 83-96

Bergman, L.R./Mahoney, J. (1999): Ein musterorientierter Ansatz für die Erforschung von Risiko- und Schutzfaktoren. In: Opp, G./Fingerle, M./ Freytag, A. (Hrsg.) (1999): Was Kinder stärkt. Erziehung zwischen Risiko und Resilienz, München, S. 315-328

Berkic, J./Schneewind, K.A. (2007): Förderung von Elternkompetenzen: Ansätze zur Prävention kindlicher und familialer Fehlentwicklungen. In: Deutsche Gesellschaft gegen Kindesmisshandlung und -vernachlässigung e.V.: Interdisziplinäre Fachzeitschrift, Jahrgang 10, Heft 1, Lengerich, S. 31-52

Bertram, H. (2002): Die multilokale Mehrgenerationenfamilie. In: Berliner Journal für Soziologie, 12. Jg., Berlin, S. 517-529

Blum-Maurice, R. (1990): Gewalt gegen Kinder als gesellschaftliches Problem: In: Aus Politik und Zeitgeschichte, Heft 40, Bonn

du Bois-Reymond, M. et al. (1994): Die moderne Familie als Verhandlungshaushalt. In: du Bois-Reymond, M. u.a.: Kinderleben, Opladen, S.137-219

Bourdieu, Pierre (1987): Sozialer Sinn. Kritik der theoretischen Vernunft, Frankfurt/M.

Bowlby, J. (1991): Ethologisches Licht auf psychoanalytische Probleme. In: Grossmann, K./Grossmann, K.E. (Hrsg.) (2003): Bindung und menschliche Entwicklung, Stuttgart, S. 55-69

Brazelton, T.B./Greenspan, S.I. (2002): Die sieben Grundbedürfnisse von Kindern, Weinheim, S. 247-248

Breitkopf, T./Schweitzer, H. (2005): Elternbildung in interkultureller Sprachföderung – Stadtteilmütterprojekt. In: Tschöpe-Scheffler, S. (Hrsg.) (2005a): Konzepte der Elternbildung – eine kritische Übersicht, Opladen, S. 237-255

Breuer, K. (2005): Thomas Gordon's Family Effectiveness Training. In: Tschöpe-Scheffler, S. (Hrsg.) (2005a): Konzepte der Elternbildung – eine kritische Übersicht, Opladen, S. 25-41

Brezinka, W. (1976): Erziehungsbegriffe. In: Roth, L. (Hrsg.): Handlexikon zur Erziehungswissenschaft, München. S. 128-133

Brisch, K.H./Hellbrügge, T. (Hrsg.) (2007): Die Anfänge der Eltern-Kind-Beziehung. Schwangerschaft, Geburt und Psychotherapie. Stuttgart

Brixius, B./Koerner, S./Piltman, B. (2005): FuN – der Name ist Programm – Familien lernen mit Spaß. In: Tschöpe-Scheffler, S. (Hrsg.)(2005a): Konzepte der Elternbildung – eine kritische Übersicht, Opladen, S. 137-161

Bundesministerium für Familie, Senioren, Frauen und Jugend (2000): Informationsbroschüre zur gewaltfreien Erziehung. Das Aktionsprogramm der Bundesregierung zur Ächtung der Gewalt in der Erziehung, Bonn

Bundesministerium für Familie, Senioren, Frauen und Jugend (2005): 12. Kinder- und Jugendbericht, Berlin

Bundesministerium für soziale Sicherheit und Generationen (Hrsg.) (2001): Gewaltbericht des Bundesministeriums für soziale Sicherheit und Generation, Teil 1, Grundlagen zu Gewalt in der Familie, Wien

Bundesministerium für soziale Sicherheit und Generationen (Hrsg.) (2001): Gewaltbericht des Bundesministeriums Teil 2: Gewalt gegen Kinder, Wien

Bundeszentrale für politische Bildung (Hrsg.) (2003): Familienbande, Nr. 32, Bonn

Bündnis für Familie (Hrsg.) (2006): Familie im Stadtteil. Die Bedeutung des sozialen Nahraums für Erziehung, Bildung und Aufwachsen, Nürnberg

Caplan, G. (1974): Support systems and community mental health. Behavioral Publications, New York

Cierpka, M. (Hrsg.) (2005): Möglichkeiten der Gewaltprävention, Göttingen

Cooper, G. et al. (2005): The Circle of Security Intervention. In: Berlin, Y.Z./ Greenberg, M.: Enhancing Early Attachments, New York

Dauzenroth, E./Hampel, A. (Hrsg.) (1979): Einlassung mit Korczak. In: Korczak, J.: Von Kindern und anderen Vorbildern, Gütersloh

Deegener, G. (2000): Die Würde des Kindes, Weinheim

Deegener, G./Hurrelmann, K. (2002): Kritische Stellungnahme zu Triple P. In: www.kinderschutzbund-bayern.de/triplep.pdf

Deutscher Bundestag (1999): Entwurf eines Gesetzes zur Ächtung der Gewalt in der Erziehung. Drucksache 14/1247, Bonn

Dirscherl, T./Obermann, D./Hahlweg, K. (2005): Prävention mit Triple P – Liebend gern erziehen. In: Tschöpe-Scheffler, S. (Hrsg.) (2005a): Konzepte der Elternbildung – eine kritische Übersicht, Opladen, S. 51-67

Dorbritz, J. et al. (2005): Einstellungen zu demographischen Trends und zu bevölkerungsrelevanten Politiken, Wiesbaden

Dornes, M. (1993): Der kompetente Säugling, Frankfurt/M.

Erikson, E.H. (1981): Identität und Lebenszyklus, 7. Auflage, Frankfurt/M.

Fietkau, H.-J./Görlitz, D. (1981): Umwelt und Alltag in der Psychologie, Weinheim

Fromm, E. et al. (Hrsg.) (1936): Autorität und Familie, Paris

Fthenakis, W.E./Minsel. B. (2002): Die Rolle des Vaters in der Familie. Schriftenreihe des Bundesministeriums für Familie, Senioren, Frauen und Jugend, Band 213, Stuttgart

Fthenakis, W.E.: Bildungsangebote für Familien, (BFB-Programm, Online-Familienhandbuch), (www.fthenaki.de/pro_familienhandbuch.de, 02.08.2008)

Fthenakis, W.E. (2003): Familienforum, S. 26, in: http://fhh.hamburg.de/ stadt/Aktuell/behoerden/soziales-familie/familienforum/doku-2003-pdf,property-source.pdf

Fuhrer, U. (2007): Erziehungskompetenz. Was Eltern und Familien stark macht, Bern

Funk, S./Schmitt, A. (2001): Gewaltbericht. Zwischen Alltäglichkeit und Sensation – die Darstellung innerfamiliärer Gewalt gegen Kinder und Jugendliche in den österreichischen Printmedien, Wien, S. 18/19

Furck, C.-L. (1964): Aufgaben der Erziehung im Bereich der Familie, Weinheim

Gardner, R.A. (1998): The Parental Alienation Syndrome, New Jersey

Gaschke, S. (2001): Erziehungskatastrophe – Kinder brauchen starke Eltern, 3. Auflage, Stuttgart

Gehlen, A. (1971): Der Mensch – seine Natur und seine Stellung in der Welt, 9. Auflage, Frankfurt/M.

Gerspach, M. (2000): Einführung in pädagogisches Denken und Handeln, Stuttgart

Gerster, P./Nürnberger, C. (2002): Erziehungsnotstand – wie wir die Zukunft unserer Kinder retten, Berlin

Geuter, U. (2001): Bindungsfähigkeit: Gut gerüstet für die Zukunft. In: Psychologie Heute, S. 64-69

Göppel, R. (1998): Eltern, Kinder und Konflikte, Köln

Görlitz, D. (1981): Entwicklungsresistenz von Theorien und Alltagsmeinungen. In: Fietkau, H.-J./Görlitz, D.: Umwelt und Alltag in der Psychologie, Weinheim

Grossmann, K.E. (2000): Bindungsforschung im deutschsprachigen Raum und der Stand bindungstheoretischen Denkens. In: Psychologie in Erziehung und Unterricht, Nr. 47, S. 221-237

Grossmann, K./Grossmann, K.E. (Hrsg.) (2003): Bindung und menschliche Entwicklung, Stuttgart

Grossmann, K./Grossmann, K.E. (2005): Bindungen – das Gefüge psychischer Sicherheit, 2. Auflage, Stuttgart

Gudjons, H. (1993): Pädagogisches Grundwissen, Bad Heilbrunn

Hahlweg, K. (2001): Prävention von kindlichen Verhaltensstörungen. Bevor das Kind in den Brunnen fällt. In Deutsch, W./Wenglorz, M. (Hrsg.) (2001): Zentrale Entwicklungsstörungen bei Kindern und Jugendlichen. Aktuelle Erkenntnisse über Entstehung, Therapie und Prävention. Stuttgart, S. 189-241

Hagenhoff, R./Metz, M./Nieswand, C. (2005): Encouraging-Elterntraining Schoenaker-Konzept® – Warum mutige Kinder mutige Erzieher/innen brauchen. In: Tschöpe-Scheffler, S. (Hrsg.) (2005a): Konzepte der Elternbildung – eine kritische Übersicht. Opladen, S. 99-114

Herrmann, T. (Hrsg.) (1966): Psychologie der Erziehungsstile, Göttingen

Herrmann, T./Stapf, A./Krohne, H.W. (1971): Die Marburger Skalen zur Erfassung des elterlichen Erziehungsstils, Diagnostica, S. 118-131

Herlth, A, et al. (Hrsg.) (2000): Spannungsfeld Familienkindheit, Opladen

Heynen, S. (2001): Partnergewalt in Lebensgemeinschaften: direkte und indirekte Auswirkungen auf die Kinder, erschienen in Beiträge zur feministischen Theorie und Praxis, Heft 56/57

Hierdeis, H./Hug, T. (1992): Pädagogische Alltagstheorien und erziehungswissenschaftliche Theorien, Bad Heilbrunn

HIPPY Deutschland e.V. (2003): Hippy – Ein Hausbesuchsprogramm für Eltern und ihre Vorschulkinder. Ein Leitfaden, Bremen; DRK- Kreisverband (www.hippy-deutschland.de)

Hofer, M./Klein-Allermann, E./Noack, P. (1992): Familienbeziehungen. Eltern und Kinder in der Entwicklung, Göttingen

Honkanen-Schoberth, P./Jennes- Rosenthal, L. (2000): Elternkurs: Wege zur gewaltfreien Erziehung. Handbuch für Multiplikatoren, Hannover

Honkanen–Schoberth, P. (2002): Starke Kinder brauchen starke Eltern. Der Elternkurs des Deutschen Kinderschutzbundes, Stuttgart

Honkanen-Schoberth, P. (2005): Starke Eltern – „Starke Kinder®", Elternkurse des Deutschen Kinderschutzbundes – mehr Freude, weniger Stress mit den Kindern. In: Tschöpe-Scheffler, S. (Hrsg.) (2005a): Konzepte der Elternbildung – eine kritische Übersicht, Opladen, S. 41-50

Horkheimer, M. (1987): Studien über Autorität und Familie. Forschungsberichte aus dem Institut für Sozialforschung (Reprint der Ausgabe von Paris 1936), Lüneburg

Horst, C. (2005): Kess-erziehen® – und Familie entspannter (er)leben. In: Tschöpe-Scheffler, S. (Hrsg.) (2005a): Konzepte der Elternbildung – eine kritische Übersicht. Opladen, S. 85-98

Hurrelmann, K. (2002): Einführung in die Sozialisationstheorie, 8. Auflage, Weinheim

Hurrelmann, K./Albert, M./TNS Infratest Sozialforschung (2006): Jugend 2006, Frankfurt/M.

Jonuz, E./Bornhöfft, A. (2005): Jede Familie ist anders. In: Tschöpe-Scheffler, S. (Hrsg.) (2005c): Perfekte Eltern und funktionierende Kinder? Vom Mythos der richtigen Erziehung, Opladen, S. 31-45

Junge, M. (2002): Individualisierung, Frankfurt/M.

Kaufmann, F.-X. (1995): Zukunft der Familie im vereinten Deutschland, München

Keil, S. (2005): Familiale Erziehungskompetenzen. Gutachten des Wissenschaftlichen Beirats beim BMFSF. In: Forum Erwachsenenbildung, H. 2, S. 32-34, Frankfurt: Deutsche Evangelische Arbeitsgemeinschaft für Erwachsenenbildung e.V

Keller, H. (Hrsg.) (2003): Handbuch der Kleinkindforschung, Bern

Keupp, H./Höfer, R. (Hrsg.) (1997): Identitätsarbeit heute. Klassische und aktuelle Perspektiven der Identitätsforschung, Frankfurt/M.

Klann, N./Hahlweg, K./Janke, M./Kröger, C. (2000): Beratungsstellen als Seismografen für Veränderungen in der Gesellschaft. Katholische Bundesarbeitsgemeinschaft für Beratung e.V. (Hrsg.), Bonn

Korczak, J. (1967): Wie man ein Kind lieben soll, Göttingen

Korczak, J. (1970): Das Recht des Kindes auf Achtung, Göttingen

Korczak, J. (1981): Verteidigt die Kinder, Gütersloh

Korczak, J. (1996): Sämtliche Werke, Band 1. Kinder der Straße, Kinder des Salons, Gütersloh

Korczak, J. (1999): Sämtliche Werke. Bd. 4. Wie liebt man ein Kind. Erziehungsmomente. Das Recht des Kindes auf Achtung. Fröhliche Pädagogik. Bearbeitet und kommentiert von Beiner, F./Ungermann, S., Gütersloh

Krohne, H.W./Rogner, J./Schaffner, P. (1980): Erziehungsstilskalen zur Überprüfung des Zweiprozess-Modells elterlicher Erziehungswirkungen. Zeitschrift für Entwicklungspsychologie und Pädagogische Psychologie, 12, S. 233-254

Krohne, H. W./Pulsack, A. (1991): Das Erziehungsstil-Inventar, Testmappe, Göttingen

Kruse, J. (2000): Erziehungsstil und kindliche Entwicklung: Wechselwirkungsprozesse im Längsschnitt. In: Walper, S./Pekrun, R. (Hrsg.) (2000): Familie und Entwicklung: Perspektiven der Familienpsychologie, Göttingen, S. 63-83

Krüger, H.-H. (1996): Wege aus der Kindheit in Ost- und Westdeutschland. In: Büchner, P. u.a. (Hrsg.): Vom Teddybär zum ersten Kuss, Opladen, S. 225-235

Kühn, T./Petcov, R. (2005): STEP – Das Elterntraining – Erziehungskompetenz stärken – Verantwortungsbereitschaft fördern. In: Tschöpe-Scheffler, S. (Hrsg.) (2005a): Konzepte der Elternbildung – eine kritische Übersicht, Opladen, S. 67-84

Laewen, H.-J./Andres, B. (2002): Bildung und Erziehung in der frühen Kindheit. Bausteine zum Bildungsauftrag von Kindertageseinrichtungen, Weinheim, Berlin, Basel

Laing, R. (1969): Phänomenologie der Erfahrung, Frankfurt/M.

Legatis, B./Schnell-Näf, R. (1994): Familienleben so und anders! Das Buch zum Internationalen Jahr der Familie 1994, Zürich

Lewin, K./Lippitt, R./White, R.K. (1939): Pattern of agressive behavior in experimentally created social climates. Journal of Social Psychology, 10, S. 271-299

Lewis, M.D. (1999): Die Theorie dynamischer Systeme als neuer Zugang zur Erforschung von Resilienz. In: Opp, G./Fingerle, M./Freytag, A. (Hrsg.) (1999): Was Kinder stärkt. Erziehung zwischen Risiko und Resilienz, München, S. 328-343

Lukesch, H. (Hrsg.) (1975): Auswirkungen elterlicher Erziehungsstile, Göttingen

Lukesch, H./Perrez, M./Schneewind, K.A. (Hrsg.) (1980): Familiäre Sozialisation und Intervention, Bern

Marefka, M. (Hrsg.) (1989): Handbuch der Familien- und Jugendforschung, Band 1, Neuwied, S. 211-222

Markie-Dadds, C./Sanders, M.R./Turner, K.M.T. (2003): Das Triple P Elternarbeitsbuch, Münster

De Mause, L. (1994): Hört ihr die Kinder weinen. Eine psychogenetische Geschichte der Kindheit, Frankfurt/M.

Miller, A. (1980): Am Anfang war Erziehung, 1. Auflage, Frankfurt/M.

Miller, A. (1983): Das Drama des begabten Kindes, Frankfurt/M.

Mollenhauer, K. (1983): Vergessene Zusammenhänge. Über Kultur und Erziehung, München

Montessori, M. (1993): Kinder sind anders, Stuttgart

Montessori, M. (1996): Grundlagen meiner Pädagogik und weitere Aufsätze zur Anthropologie und Didaktik. Besorgt und eingeleitet von Michael, B., 8. Auflage, Wiesbaden

Mörs-Hoffmann, S. (2005): Evaluationsbericht des FuN-Programms. In: Tschöpe-Scheffler, S. (Hrsg.) (2005a): Konzepte der Elternbildung – eine kritische Übersicht, Opladen, S. 154-159

Müller-Fohrbrodt, G. (1999): Konflikte konstruktiv bearbeiten lernen, Opladen

Nave-Herz, R. (1964): Die Elternschule, Berlin

Nave-Herz, R. (1989): Zeitgeschichtlicher Bedeutungswandel von Ehe und Familie in der Bundesrepublik Deutschland. In: Nave-Herz, R./Marefka, M. (Hrsg.) (1989): Handbuch der Familien- und Jugendforschung, Band 1, Neuwied, S. 189-222

Nave-Herz, R. (Hrsg.) (2002): Kontinuität und Wandel der Familie in Deutschland, Stuttgart

Nave-Herz, R. (2007): Familie heute – Wandel der Familienstrukturen und Folgen für die Erziehung, 3. Auflage, Darmstadt

Nickel. H./Quaiser-Pohl, C. (Hrsg.) (2001): Junge Eltern im kulturellen Wandel. Untersuchungen zur Familiengründung im internationalen Vergleich, Weinheim, München

Nohl, H. (1935): Die pädagogische Bewegung in Deutschland und ihre Theorie, 2. Auflage, Frankfurt/M.

Oerter, R./Montada, L. (1995): Entwicklungspsychologie, Weinheim

Omer, H./von Schlippe, A. (2005): Autorität durch Beziehung. Die Praxis des gewaltlosen Widerstands in der Erziehung, Göttingen

Omer, H./von Schlippe, A (2006): Autorität ohne Gewalt. Coaching für Eltern von Kindern mit Verhaltensproblemen. „Elterliche Präsenz" als systemisches Konzept, Göttingen

Opp, G./Fingerle, M./Freytag, A. (Hrsg.) (1999): Was Kinder stärkt. Erziehung zwischen Risiko und Resilienz, München

Papousek, M. (1996): Die intuitive elterliche Kompetenz in der vorsprachlichen Kommunikation als Ansatz zur Diagnostik von präverbalen Kommunikations- und Beziehungsstörungen. Kindheit und Entwicklung 5(4): 140-146

Parfy, E./Redtenbacher, H./Sigmund, R./Schoberberger, R./Butschek, Ch. (Hrsg.) (2000): Bindung und Interaktion, Dimensionen der professionellen Beziehungsgestaltung, Wien

Pauli-Pott, U./Bäcker, A./Neuhäuser, G./Beckmann, D. (2000): Zur Eltern-Kind-Beziehung und dem Entwicklungsstand von Risikokindern im Vorschulalter: Ergebnisse der Giessener Risikokinderstudie. In: Petermann, F./Niebank, K./Scheithauer, H. (Hrsg.) (2000): Risiken in der frühkindlichen Entwicklung. Entwicklungspsychopathologie der ersten Lebensjahre, Göttingen, S. 283-299

PEKIP e.V. (2008): www.pekip.de

Pestalozzi, J.H. (1924): Mutter und Kind, Zürich, Leipzig

Pestalozzi, J.H. (1972): Sämtliche Werke. Kritische Ausgabe (1972). Bd. XIII, begründet von Buchenau, A./Spranger, E./Stettbacher, H., Berlin

Pestalozzi, J.H. (1982): Wie Gertrud ihre Kinder lehrt, Reble, A. (Hrsg.), Bad Heilbrunn

Petermann, F./Niebank, K./Scheithauer, H. (Hrsg.) (2000): Risiken in der frühkindlichen Entwicklung. Entwicklungspsychopathologie der ersten Lebensjahre, Göttingen

Peukert, R. (2005): Familienformen im sozialen Wandel, 6. Auflage, Wiesbaden

Pikler, E./Tardos, A. (2001): Miteinander vertraut werden, Freiburg i.Br.

Rauchfleisch, U. (1992): Allgegenwart von Gewalt, Göttingen

Rauschenbach, T./Leu, H.-R./Lingenauber, S. et al. (2004): Non-formale und informelle Bildung im Kindes- und Jugendalter. Konzeptionelle Grundlagen für einen Nationalen Bildungsbericht, Berlin

Rolff, H.-P./Zimmermann, P. (1997): Kindheit im Wandel, Weinheim, Basel

Rost, H./Schneider, N.F. (1995): Differentielle Elternschaft – Auswirkungen der ersten Geburt auf Männer und Frauen. In: Nauck, B. et al. (Hrsg.): Familie im Brennpunkt von Wissenschaft und Forschung, Neuwied, S. 177-194

Rowe, D.C. (1995): The limits of Family Influence: Genes, Experience and Behavior, Guilford Publications

Rowe, D.C. (1997): Genetik und Sozialisation. Die Grenzen der Erziehung, Weinheim

Rupp, M. (2004): Expertise – Familien heute. Staatsinstitut für Familienforschung an der Universität Bamberg. Bamberg

Sanders, M.-R. (1999): Triple P – Positive Parenting Program. In: Child and Family Psychology Review, 2, S. 71-90

Sann, A. (2003): Guter Start mit opstapje, DJI-Bulletin, München

Sann, A./Thunn, K. (2005): Opstapje – Schritt für Schritt. DJI-Bulletin, München

Saßmann, H./Klann, N. (2002): Es ist besser das Schwimmen zu lehren als Rettungsringe zu verteilen. Beratungsstellen als Seismografen für Veränderungen in der Gesellschaft, Freiburg i.Br.

Satir, V. (2000): Selbstwert und Kommunikation, Stuttgart

Schäfer, G. (2001): Bildungsprozesse im Kindesalter. Selbstbildung, Erfahrung und Lernen in der frühen Kindheit. Weinheim

Schäfer, G. (2003): Bildung beginnt mit der Geburt. Förderung von Bildungsprozessen in den ersten sechs Lebensjahren, Weinheim

Schlippe, von A./Grabbe, M. (2007): Werkstattbuch Elterncoaching. Elterliche Präsenz und gewaltloser Widerstand, Göttingen

Schneewind, K.A. (1983): Autonomes Handeln. Einige Anmerkungen zur Geschichte, Theorie und Empirie eines umstrittenen Konzepts. In: Bittner, G. (Hrsg.): Personale Psychologie, Göttingen, S. 135 -151

Schneewind, K.A. (1994): Persönlichkeitsentwicklung im Kontext von Erziehung und Sozialisation. In: Schneewind, K.A. (Hrsg.): Psychologie der Erziehung und Sozialisation, Göttingen, S. 197-225

Schneewind, K.A. (1999): Familienpsychologie, 2. Auflage, Stuttgart

Schneewind, K.A. (2002): Familienentwicklung. In: Oerter, F./Montada, L.: Entwicklungspsychologie. Weinheim, Basel, Berlin

Schneewind, K.A. (2005): Freiheit in Grenzen – Plädoyer für ein integratives Konzept zur Stärkung von Elternkompetenzen. In: Cierpka, M. (Hrsg.) (2005): Möglichkeiten der Gewaltprävention, Göttingen, S.173-200

Schneewind, K.A./Böhmert, B. (2008): Kinder im Grundschulalter kompetent erziehen. Der interaktive Elterncoach „Freiheit in Grenzen". Bern

Schoenaker, T. (2003): Mut tut gut. Das Encouraging-Training, Sinntal

Schopp, J. (2005): Eltern Stärken – Dialogische Elternseminar – Ein Leitfaden für die Praxis, Opladen

Schütze, Y. (2000): Wandel der Mutterrolle – Wandel der Familienkindheit? In: Herlth, A. et al. (Hrsg.): Spannungsfeld Familienkindheit, Opladen, S. 92-105

Schütze, Y. (2002): Zur Veränderung im Eltern-Kind-Verhältnis seit der Nachkriegszeit. In: Nave-Herz, R. (Hrsg.): Kontinuität und Wandel der Familie in Deutschland, Stuttgart, S. 71-93

Schulz von Thun, F. (2001): Miteinander reden, Band 1, Hamburg

Schwarzer, R. (1995): Entwicklungskrisen durch Selbstregulation meistern. In: Edelstein, W.: Entwicklungskrisen kompetent meistern, Heidelberg

Schwarzer, R. (2000): Stress, Angst und Handlungsregulation, Stuttgart

Sekretariat der Ständigen Konferenz der Kultusminister der Länder in der BRD (2003): Erziehung als Auftrag von Elternhaus und Schule. Informationen der Länder über die Zusammenarbeit von Eltern und Schule in: www.kmk.org/doc/beschl/Elternhaus_und_Schule_04_12.pdf

Smolka, A. (2002): Beratungsbedarf und Informationsstrategien im Erziehungsalltag. Ergebnisse einer Elternbefragung in Nürnberg zum Thema Familienbildung im Rahmen der Kampagne Erziehung. Dokumentation, Nürnberg

Stapf, K.H./Hermann, Th./Stapf, A./Stäcker, K.H. (1972): Psychologie des elterlichen Erziehungsstils, Stuttgart

Statistisches Bundesamt Deutschland (1990): Statistisches Jahrbuch 1990, Wiesbaden, S. 50-70

Statistisches Bundesamt Deutschland (2005): Statistisches Jahrbuch 2005, Wiesbaden, S. 42-57

Statistisches Bundesamt Deutschland (2007): Statistisches Jahrbuch 2007, Wiesbaden, S. 50-52

Statistisches Bundesamt Deutschland (2008): Pressekonferenz „Familienland Deutschland" vom 22. Juli 2008 in Berlin, Statement von Abteilungspräsident Karl Müller, Wiesbaden

Steinkühler, L. (2002): Das Recht des Kindes auf gewaltfreie Erziehung und dessen Auswirkung auf sozialpädagogische Handlungsfelder, unveröffentlichte Diplomarbeit, Fachhochschule Köln

Stolz, U./Thiel, T. (2005): Kinder gemeinsam in die Welt begleiten, Elternbildung und Erziehungspartnerschaft als Angebot des Kindergartens. In: Tschöpe-Scheffler, S. (Hrsg.) (2005a): Konzepte der Elternbildung – eine kritische Übersicht, Opladen, S. 199-212

Sturzbecher, D./Dietrich, P.S. (2007): Risiko- und Schutzfaktoren in der Entwicklung von Kindern und Jugendlichen. In: Deutsche Gesellschaft gegen Kindesmisshandlung und -vernachlässigung e.V.: Interdisziplinäre Fachzeitschrift, Jahrgang 10, Heft 1, Lengerich, S. 3-31

Suess, G.J./Pfeifer, K.-W. (1999): Frühe Hilfen. Die Anwendung von Bindungs- und Kleinkindforschung in Erziehung, Beratung, Therapie und Vorbeugung, Gießen

Suess, G./Kissgen, R. (2005): Frühe Hilfen zur Förderung der Resilienz auf dem Hintergrund der Bindungstheorie: Das STEEP-Modell; In: Cierpka, M. (Hrsg.): Möglichkeiten der Gewaltprävention (S.135-152). Göttingen

Tausch, R./Tausch, A.M. (1963, 1973): Erziehungspsychologie. Psychologische Prozesse in Erziehung und Unterrichtung, 1. & 7. Auflage, Göttingen

Tausch, R./Tausch, A.M. (1991): Erziehungspsychologie, Göttingen

Tenorth, E. (2004): Stichwort: Grundbildung und Basiskompetenzen. In: Zeitschrift für Erziehungswissenschaft Jg. 7, Heft 2, S. 169-182

Textor, M. (2000): Kooperation mit Eltern – Erziehungspartnerschaft von Familie und Kindertagesstätte, München

Thomä, D. (2002): Eltern. Kleine Philosophie einer riskanten Lebensform. (1992) Mit einem Nachwort nach zehn Jahren, München

Thomä, D. (2008): Autorität und Familie in der Gegenwart. In: Voß, R. (2008): Autorität und Gewaltprävention. Erfolg durch Erziehungspartnerschaft von Schule und Familie, Heidelberg, S. 38-56

Tschöpe-Scheffler, S. (1996): Pestalozzi – Leben und Werk im Zeichen der Liebe. „Versuchet die Liebe, die eure Pflicht ist." Neuwied, Kriftel, Berlin

Tschöpe-Scheffler, S. (1999): Korczak-Pädagogik: Erkenne dich selbst, bevor du Kinder zu erkennen trachtest. In: Öhlschläger, R. (Hrsg.): Von Korczak lernen heißt ... Kleine Hohenheimer Reihe, Bd. 37, Akademie der Diözese Rottenburg-Stuttgart, S. 41-65

Tschöpe-Scheffler, S./Niermann, J. (2002a): Forschungsbericht: Evaluation von Elternkursen – „Starke Eltern – starke Kinder" (DKSB), Köln Fachhochschule

Tschöpe-Scheffler, S. (2002b): Kinder brauchen Wurzeln und Flügel. Erziehung zwischen Bindung und Autonomie, 2. Auflage, Mainz

Tschöpe-Scheffler, S. (2003a): Elternkurse auf dem Prüfstand. Wie Erziehung wieder Freude macht, Opladen, Wiesbaden

Tschöpe-Scheffler, S. (2003b): Fünf Säulen der Erziehung. Wege zu einem entwicklungsfördernden Miteinander von Erwachsenen und Kindern, Mainz

Tschöpe-Scheffler, S. (2004a): Qualitätsfragen an Elternkurse – Wie man Konzepte leichter beurteilen kann. In: Theorie und Praxis der Sozialpädagogik, 8, S. 4-7

Tschöpe-Scheffler, S. (2004b): Kann man Erziehen lernen? – Elternkurse im Vergleich. In: Aktion Jugendschutz Landesarbeitsstelle Baden Württemberg (Hrsg.): Von wegen Privatsache ... Erziehungspartnerschaft zwischen Familie und Gesellschaft, Stuttgart

Tschöpe-Scheffler, S. (2004): Erziehungsstile und kindliche Entwicklung. In: Deegener, G./Körner, W. (Hrsg.): Lehrbuch über Kindesmisshandlung und Vernachlässigung, Göttingen

Tschöpe-Scheffler, S. (Hrsg.) (2005a): Konzepte der Elternbildung – eine kritische Übersicht, Opladen

Tschöpe-Scheffler, S. (2005b): Was Eltern wollen und was sie brauchen – eine Befragung von 350 Eltern, unveröffentlichtes Manuskript, Köln

Tschöpe-Scheffler, S. (Hrsg.) (2005c): Perfekte Eltern und funktionierende Kinder? Vom Mythos der „richtigen" Erziehung, Opladen

Tschöpe-Scheffler, S. (2005d): Die Super Nanny. Schnelle und simple Methoden im Sinne einer Fastfoodpädagogik. In: Forschung und Lehre, Heft 4/2005, S. 168-188

Tschöpe-Scheffler, S. (2005e): Innovative Formen der Stärkung der Elternkompetenz: Elternbriefe – Elternkurse – Elternbildung. In: Deegener, G./Körner, W. (Hrsg.): Kindesmisshandlung und Vernachlässigung. Ein Handbuch, Göttingen

Tschöpe-Scheffler, S. (2006a): Stärkung der elterlichen Erziehungsverantwortung durch Angebote der Elternbildung. In: Bauer, P./Brunner, E.J. (Hrsg.) (2006): Elternpädagogik. Von der Elternarbeit zur Erziehungspartnerschaft, Freiburg i.Br., S. 173-193

Tschöpe-Scheffler, S. (2006b): Die Arbeit mit hilflosen Eltern – zehn Empfehlungen. In: Deutsche Gesellschaft gegen Kindesmisshandlung und -vernachlässigung (DGgKV) e.V., Jahrgang 9, Heft 2, Kiel, S. 27-42

Tschöpe-Scheffler, S. (2007a): Elternbildungsarbeit im öffentlichen Interesse. In: Homfeldt, H.G./Schulze-Krüdener, J. (Hrsg.): Elternarbeit in der Heimerziehung, München, S. 16-31

Tschöpe-Scheffler, S. (2007b): Erziehungspartnerschaften. Einführungsvortrag. In: Fachtagung Erziehungspartnerschaften der Stadt Köln am 20.05.2006. Dokumentation, Köln, S. 18-23

Tschöpe-Scheffler, S. (2007c): Erziehungspartnerschaften. Einführungsvortrag. In: Fachtagung Erziehungspartnerschaften der Stadt Köln am 20.05.2006. Dokumentation, Köln, S. 18-23

Tschöpe-Scheffler, S. (2008): Unterstützung der elterlichen Erziehungskompetenz. In: Voß, R. (2008): Autorität und Gewaltprävention. Erfolg durch Erziehungspartnerschaft von Schule und Familie, Heidelberg, S. 24-38

Tsirigotis, C. et al. (Hrsg.) (2006): Coaching für Eltern. Väter, Mütter und ihr „Job", Heidelberg

Voß, R. (2008): Autorität und Gewaltprävention. Erfolg durch Erziehungspartnerschaft von Schule und Familie, Heidelberg

Wahl, K./Hees. K. (Hrsg.) (2006): Helfen „Super Nanny und Co"? Ratlose Eltern – Herausforderung für die Elternbildung, Weinheim

Walper, S./Pekrun, R. (Hrsg.) (2000): Familie und Entwicklung. Perspektiven der Familienpsychologie, Göttingen

Walter, H. (Hrsg.) (2002): Männer als Väter. Sozialwissenschaftliche Theorie und Empirie, Gießen

Wehinger, U. (2005): Einblick in die Arbeit des Pen Green Centre, Northamptonshire, England. Ein Zentrum der besonderen Art. In: Tschöpe-Scheffler, S. (Hrsg.) (2005a): Konzepte der Elternbildung – eine kritische Übersicht, Opladen, S. 175-187

Werneck, H. (2004): Die „neuen" Väter. In: Fthenakis, W.: Das Online-Familienhandbuch. www.familienhandbuch.de

Werner, E.E. (1999): Entwicklung zwischen Risiko und Resilienz. In: Opp, G./Fingerle, M./Freytag, A. (Hrsg.) (1999): Was Kinder stärkt. Erziehung zwischen Risiko und Resilienz, München, S. 25-36

Werner, E.E. (2006): Wenn Menschen trotz widriger Umstände gedeihen und was man daraus lernen kann. In: Welter-Enderlin, R./Hildenbrand, B. (Hrsg.): Resilienz – Gedeihen trotz widriger Umstände. Heidelberg, S. 28-42

WHO Rundschreiben. Life-skills, MNH/NLSL 95 1-3, 08/94

Wissenschaftlicher Beirat für Familienfragen (2002): Die bildungspolitische Bedeutung der Familie – Folgerungen aus der PISA-Studie

Wissenschaftlicher Beirat für Familienfragen (2005): Familiale Erziehungskompetenzen – Beziehungsklima und Erziehungsleistungen in der Familie als Problem und Aufgabe, München

Woll, R. (2008): Partner für das Kind. Erziehungspartnerschaften zwischen Eltern, Kindergarten und Schule, Göttingen

Wustmann, C. (2004): Von den Stärken der Kinder ausgehen. Das Konzept der Resilienz und seine Bedeutung für das pädagogische Handeln. Unsere Jugend, 56, H. 10, S. 402-412

Ziegenhain, U./Wijnroks, L./ Derksen, B./Dreisörner, R. (1999): Entwicklungspsychologische Beratung bei jugendlichen Müttern und ihren Säuglingen: Chancen früher Förderung der Resilienz. In: Opp, G./Fingerle M./Freytag, A. (Hrsg.): Was Kinder stärkt. Erziehung zwischen Risiko and Resilienz, München, S. 142-165

WOCHEN SCHAU VERLAG

Interkulturelle Kompetenz

Veronika Fischer, Monika Springer, Ioanna Zacharaki (Hrsg.)

Interkulturelle Kompetenz

Fortbildung – Transfer – Organisationsentwicklung

Interkulturelle Kompetenz ist zu einem zentralen Thema der pädagogischen Fachdiskussion geworden. Die Fähigkeit, das berufliche Handeln vor dem Hintergrund der Einwanderungssituation zu reflektieren und interkulturelles Wissen quasi als Interpretationsfolie für professionelles Handeln zu nutzen, ist nicht selbstverständlich, sondern muss zunächst durch Fortbildungen vermittelt werden. In diesem Zusammenhang bedarf es besonderer didaktischer Konzeptionen, damit ein Transfer des erworbenen Wissens in die Organisation ermöglicht wird. Unter den drei Aspekten Fortbildung – Transfer – Organisationsentwicklung wird interkulturelle Kompetenz in diesem Buch thematisiert.

978-3-89974179-7, 272 S., € 19,80

Josef Freise

Interkulturelle Soziale Arbeit

Theoretische Grundlagen – Handlungsansätze – Übungen zum Erwerb interkultureller Kompetenz

Das Buch leistet einen Beitrag zur Förderung der interkulturellen Kompetenz in der Gesellschaft und speziell in sozialen Berufsfeldern. Interkulturelle Kompetenz wird als Schlüsselqualifikation heute nicht nur in der Sozialen Arbeit, sondern auch in der Wirtschaft gefordert. Wer beruflich mit Menschen unterschiedlicher kultureller Herkunft zu tun hat, braucht nicht nur theoretische und konzeptionelle Kenntnisse, sondern auch persönliche Fähigkeiten im Umgang mit Menschen und gesellschaftlichen Strukturen. Deshalb werden in dem Buch theoretische Inhalte vermittelt, Handlungskonzepte vorgestellt und Übungen für ein Methodentraining erläutert.

978-3-89974203-9, 256 S., € 19,80

www.wochenschau-verlag.de

Adolf-Damaschke-Str. 10, 65824 Schwalbach/Ts., Tel.: 06196/86065, Fax: 06196/86060, info@wochenschau-verlag.de

**WOCHEN
SCHAU
VERLAG**

Grundlagen Sozialer Arbeit

Bachelor- und Masterstudiengänge verlangen neue Lehr- und Lernformen und ein präzises zeitliches und inhaltliches Studienmanagement. Die Modularisierung führt auch unter didaktischen Gesichtspunkten zu einer Neuorientierung bei der verwendeten Fachliteratur. Die Reihe GRUNDLAGEN SOZIALER ARBEIT bietet kompakte, wissenschaftliche Grundlagenliteratur. Die Bücher orientieren sich an zentralen Themen der Wissenschaft der Sozialen Arbeit, an relevanten Wissensbeständen benachbarter Sozial- und Geisteswissenschaften, an inter- und transdisziplinären Zugängen zu Themen sowie an Praxisfeldern und Handlungsformen der Sozialen Arbeit. Sie präsentieren wissenschaftliche Sachverhalte in einer für Studierende verständlichen Sprache und bilden die Voraussetzung für eine weitergehende vertiefende Lektüre.

Joachim Birzele, Lutz Thieme: Sozialmarketing
ISBN 978-3-89974320-3

Carola Kuhlmann: Geschichte Sozialer Arbeit I,
Studienbuch, ISBN 978-3-89974313-5

Carola Kuhlmann: Geschichte Sozialer Arbeit II,
Textbuch, ISBN 978-3-89974392-0

Peter Nick: Kinder- und Jugendarbeit
ISBN 978-3-89974317-3

Jürgen Nowak: Soziologie in der Sozialen Arbeit
ISBN 978-3-89974315-9

Hans-Ulrich Dallmann, Fritz Rüdiger Volz:
Ethik und Sozialphilosophie in der Sozialen Arbeit
ISBN 978-3-89974319-7

Gudrun Ehlert, Birgit Thoma: Gender und Soziale Arbeit
ISBN 978-3-89974377-7

Dieter Filsinger: Sozialpolitik und Soziale Arbeit
ISBN 978-3-89974314-2

Günter J. Friesenhahn, Anette Kniephoff-Knebel:
Europäische Dimensionen Sozialer Arbeit
ISBN 978-3-89974379-1

Winfried Kaminski: Kultur, Medien und Kommunikation
ISBN 978-3-89974376-0

Armin Schneider: Forschungsperspektiven in
der Sozialen Arbeit
ISBN 978-3-89974469-3

Sigrid Tschöpe-Scheffler:
Familie und Erziehung in der Sozialen Arbeit
ISBN 978-3-89974318-0

alle Titel kosten € 9,80

www.wochenschau-verlag.de

Adolf-Damaschke-Str. 10, 65824 Schwalbach/Ts., Tel.: 06196/86065, Fax: 06196/86060, info@wochenschau-verlag.de